Karl Friedrich Hensler

Der Soldat von Cherson

Ein Lustspiel in drey Aufzügen

Karl Friedrich Hensler

Der Soldat von Cherson
Ein Lustspiel in drey Aufzügen

ISBN/EAN: 9783742870049

Hergestellt in Europa, USA, Kanada, Australien, Japan

Cover: Foto ©Thomas Meinert / pixelio.de

Manufactured and distributed by brebook publishing software
(www.brebook.com)

Karl Friedrich Hensler

Der Soldat von Cherson

Marinellische
Schaubühne
in
Wien.

---

von C. F. Hensler.

Dritter Band.

Enthält.

I. Der Soldat von Cherson.

II. Viel Lermen um ein Strumpfband.

III. Der Schornsteinfeger.

Der Soldat von Cherson,

Ein

Lustspiel

in

drey Aufzügen,

von

Karl Friedrich Hensler,

Seb. Mansfeld fec.

Wien

Bei J. B. Wallishausser

1790

Sommer, Landhauptmann.
Seine Gemahlin.
Rall, Lieutenant.
Karl Werner, Soldat in rußiſchen Dienſten.
Corporal Striker.
Amtmann im Dorfe.
Seine Frau.
Ein Eremit.
Ein Räuber.
Niklas Schlegel, Faßbinder und Grundrichter
im Dorfe.
Taddäus, ſein Sohn.
Sein Weib.
Nannchen, ſeine Nichte.
Julie, Schlegels Pflegtochter.
Mehrere Faßbinderknechte.
Soldaten, Bauern und Bäuerinnen.

Die Handlung geſchieht in einem Marckfle=
cken, nahe an der Gränze.

Erster Aufzug.

Erster Auftritt.

(Düsterer Wald, wilde felsichte Gegend, Werner schläft seitwärts, neben ihm liegt sein Gewehr und Tornister, zu seinen Füßen liegen einige todgeschoßene wilde Vögel. Es eröfnet sich im Hintergrund unter einem fürchterlich herabhängenden Felsenstück eine Höhle, ein Räuber in tartarischer Kleidung schaut heraus, bemerkt den Soldaten.)

Räuber. Was seh' ich? einmal endlich in dieser einsamen Gegend ein menschliches Geschöpf — ha, der glücklichste Zeitpunkt, daß ich meine Höhle verließ. Ein Jahr schon vorüber — ich schaudere zurück, wenn ich den langen Zeitraum denke, worinn Laster meine Tritte zeichnete, und

Niederträchtigkeit und Schurkerey die Loosungs-
worte meiner Brüder waren; wie aber ? wenn
ich jezt meinen schon so lange gefaßten Vorsatz
in Erfüllung brächte, und diese Kleider vertausch-
te ? (betrachtet Werner.) Ja — (geht dahin,) wie
sanft aber der Junge schläft, wie sorgenleer sein
Busen athmet, wie viel gutes seine Mine auch
in Schlaf prophezeiht. (Werner beginnt zu erwachen)
Nein — ich kann nicht — er erwacht — ich muß
mich entfernen (geht zurück.)

Zweiter Auftritt.

(Werner erhebt sich.)

Schon heller Tag ! — dem Himmel sey Dank,
vielleicht die lezte Nacht, die ich unter freiem
Himmel zubringen mußte. Schon sieben Wochen,
daß ich von Cherson weggieng — unmöglich kann
es noch mehr, als eine Tagreise bis an die öster-
reichische Gränze sein. (Schnallt seinen Tornister auf,
ißt schwarzes Brod) Es schmekt doch herrlich, wenn
man hungerig ist — wie wenig doch der Mensch
zu seiner Nothdurft gebraucht, und wie viel er
verlangt. — Es ist doch ausgemachte Warheit,
der Himmel verläßt keinen braven Oestreicher —
jezt muß ich mich doch auch ein wenig zusammen
kampeln — ein gepuzter Soldat findet allenthal-
ben gute Freunde. besonders bey dem weiblichen
Geschlecht — wir sind freilich (kampelt sich) das
Wixen und Striegeln so gewohnt, daß es uns
                                                zur

zur andern Natur wird, und gute Ordnung,
ſagte mein ſeliger Vater, iſt die Mutter der Rechtſchaffenheit, (beſieht ſich in ſeinem Sackſpiegel.) ha, ha,
ha, wenn ich noch daran denke, da wir Peters-
burg verließen; und, um unſere Monarchin zu
bewachen, nach Cherſon zogen — meiner Seel!
wir haben ja ausgeſehen, wie die Göttertraban-
ten. (Der Räuber hört ihm zu, und lehnt ſich während
dieſem an einen nahen Baum. Werner ſteht auf, gürtet ſeinen Säbel um, der Räuber ſchleicht ſich dahin, und nimmt
ihm ſein Gewehr weg, er erblickt ihn.) Was ſeh' ich,
(laut, beherzt.) Wer biſt du? halt, wer du biſt,
frag ich — (will nach ſeinem Gewehr greifen.)

Dritter Auftritt.

Werner, der Räuber.

Räuber. Ein Menſch, und dein Freund.

Werner. (zieht ſein Seitengewehr.) Kerl! gib
mir mein Gewehr, oder ich zermezle dich in dem
Augenblick.

Räuber. Und warum, Freund! was that
ich dir zu leide? wie leicht hätt' ich dich ermorden
können, da du ſchlafend keiner Gegenwehr fähig
wareſt; aber nicht einmal deines Schlafes wollt
ich dich berauben, und du ſprichſt mit mir, als
wenn ich Angriff auf dein Leben gewagt hätte.

Werner. (für ſich.) Ein ſelſamer Mann —
(laut.) wer biſt du?

Räuber. Ein Menſch, der deinen Rock verlangt, und dich darum bittet.

Wer

Werner. Meinen Rock — aber wozu?

Räuber. Um dahin zu gehen, woher du kömmst, ich will Kriegsdienste nehmen und Soldat werden.

Werner. Der Sprache nach bist du kein Tartar — woher bist du gebürtig?

Räuber. Aus dem Oesterreichischen.

Werner. Aus dem Oesterreichischen? willkommen Landsmann! du mußt mit mir (giebt ihm die Hand)

Räuber. Mit dir? (Pause) Mein Freund! ein Kerl in diesem Rocke sieht jedem an der Stirne geschrieben, wohin er will, und was er unternimmt — du entdecktest mir dein Geheimniß, da du dich allein glaubtest.

Werner. Landsmann! ich erblicke in deinem Gesichte so etwas —

Räuber. Und was?

Werner. Dergleichen Sachen lernte ich nur denken, fürs Plaudern schlägt man einen gerne auf die Finger. (Pause.) Aber hör, ich weiß nicht, warum mir deine Gegenwart Verdacht erregt, warum ich so etwas in deiner Mine finde, was mich an deiner Ehrlichkeit zweifeln läßt — warum nahmst du mir mein Gewehr?

Räuber. Um dich nicht in die falsche Nothwendigkeit zu sezen, ein Mörder zu werden — sieh, Freund! hier dein Gewehr — der erste Augenblick, worinn du mich als deinen Feind erkennst, sey auch der erste Augenblick meines Todes.

Werner. (für sich) Bald fällt das Mißtrauen von meiner Seele (laut) Wenn mich deine Kleidung nicht trügt, so bist du —

Räuber. Halt ein — das was ich war, wurd ich aus Noth. — Sey mein Freund, ein
Land

Land gebahr uns, ich kann Anspruch auf deine Freundschaft machen.

Werner. (pause.) Es sey — auf, Landsmann! wirf deine Kleider von dir, und kehre in dein Vaterland zurück, und werde wieder, was du vielleicht warst, ein guter Bürger — ein ehrlicher Mann. —

Räuber. Aber Freund! diese Kleidung?

Werner. (holt aus seinem Tournister einen Überrock.) hier! hast du einen Rock, den mir einer meiner Kameraden mitgab, als ich Cherson verließ, kleid dich an.

Räuber. (reißt sein Räuberkleid ab.) Es sey, fort mit euch, ihr Schurkenlumpen! die ihr mich so oft der Versuchung aussezet, Menschenblut zu vergießen — halt, da kömmt jemand, ich bin bald wieder bey dir. (ab ins Gebüsch.)

Werner. (sieht den Eremiten kommen, der im Hintergrund der Bühne vorübergeht.) Wer kömmt hier? ein Waldbruder? — ein alter zitternder Greiß? (geht ihm zu.) Gott grüß euch, alter Herr!

Vierter Auftritt.

Werner. Eremit.

Eremit. Fünf Jahre, daß ich diesen einsamen Wald bewohne, und noch hab' ich keinen Menschen erblickt, der diese Gegend besuchte, ihr müßt euch verirrt haben, guter Freund!

A 5 Wer-

Werner. (betrachtet ihn lange) Fünf Jahre, daß
ihr hier wohnt? und warum flieht ihr die Men=
schen? Ihr seid ein alter, abgelebter Mann, Sor=
ge um Nahrung, härmt euch den Körper ab. Ru=
he und geselliges Leben wird euch zur höchsten
Stuffe des Menschenalters bringen, und ihr seht
wohl gar noch eure Lebensart als ein Verdienst,
als ein dem Himmel wohlgefälliges Werk an?

Eremit. (lange Pause.) Junger Mensch! wer
bist du? daß du so mit mir sprichst.

Wern. Ich bin Soldat — rede ich etwa Un=
wahrheit? (ergreift seine Hand.) Vergebt mir, Al=
ter! es sind nun 9 Jahre, daß ich von meinem
Vaterland entfernt bin; als ich es verließ, gab
es noch eures gleichen: glaubt mir, Alter! ich
hätte nicht gedacht, so nahe bei meinem Vater=
lande noch Eremiten zu finden, da ich in der Ent=
fernung hörte, daß eure Brüder bei uns aus der
Mode gekommen, und dafür die Tugenden des
gesellschaftlichen Lebens eingepropft worden wä=
ren.

Erem. Mann! so wenig Jahre du zählst, so
alt bist du in deiner Gesinnung, wer lehrte dich
so denken?

Wern. Vernunft und Erfahrung — Alter!
könnt ihr dem Himmel nicht dienen, ohne den
Anblick eurer Brüder zu fliehen? —

Erem. (trocknet sich eine Thräne.) Wollte Gott!
ich könnte das, (ergreift schnell Werners Hand.) O
Freund! meine Kinder — ich büße für meine Söh=
ne, und suche durch mein strenges Leben der Na=
tur ihre Schulden zu bezahlen.

Wern. Ich versteh' euch nicht, sprecht deut=
licher.

                                        Erem.

Erem. Ich hatte 2 Söhne, die ich groß er= zog; der Jüngere, Gott hab ihn ſelig! ſtarb vor mehreren Jahren, er war ein ehrlicher braver Junge, ganz der Abdruck ſeiner verſtorbenen Mutter — der ältere verließ mich vor 5 Jahren, da ich eben glaubte, die Sorgen meines Alters mit ihm zu theilen, und meinen zuſammenge= mergelten Körper in ſeinen Schooße erfriſchen zu können; er entfloh — wohin? weiß Gott; vor 5 Jahren kam noch ein neues Unglück über mich, das meinem morſchen Körper den nahen Umſturz drohete; Gott ſtrafte meinen Ort, worin ich wohnte, mit Feuer; mein Haus, meine Habſe= ligkeiten wurden ein Raub der Flamme, ich ward ein Bettler, Freund! ein Bettler — und ein Bettler meiner Jahre, ohne Kinder, ohne Hülfe, glaubt mir! iſt ein armes Geſchöpf.

Wern. Armer Mann! fandet ihr denn keinen Menſchen, der ſich eurer annahm.

Erem. Verlaſſen von meinen Kindern, ſuchte ich Hülfe bei meinem Bruder, aber der war Un= menſch genug, mich mit Vorwürfen über meine Kinderzucht von ſeiner Thüre zu ſtoſſen; ich ent= ſchloß mich hier in dieſem Wald mein Leben zu endigen, und den Himmel für meine und meiner KinderSchuld durch meine ſtrenge Lebensart zu verſöhnen.

Wern. Aber wie ernährt ihr euch, Freund?

Erem. Eine halbe Stunde von hier ligt eine kleine Stadt, die ſich Blochingen nennt, dort wohnt ein Mädchen, das mir alle Wochen einmal Brod, Milch, Butter und Käß bringt — dieſes gutherzige Mädchen, Freund! (drückt ihm be= wegt die Hand.) ſollte einſt meine Tochter werden, aber mein Sohn ſtarb.

Wern.

Wern. Euer Gesichte bewegt mich zum Thränen — kommt, ehrlicher Alter! zeigt mir eure Hütte, daß ich den Ort eures Aufenthalts kennen lerne; ich gehe in die Stadt, und besuche euch wieder.

Erem. Freund! noch kennt den Ort meines Aufenthalts kein Mensch, als meine Wohlthäterin; ich würde es haßen, wenn du ihn verrathen solltest.

Wern. Guter Mann! Ruhe und Friede umgeben deine Hütte, unmenschlich würde es seyn, wenn ich dich deßelben berauben sollte — (nimmt ihn am Arm.) Freund! Unglück kann nur den zu Boden werfen, deßen Seele zu klein ist, daßelbe zu ertragen; Ungemach des Lebens macht den Menschen weise, und führt ihne öfters seinem Glücke näher

Erem. O daß ich so meine Söhne umfaßen, so an ihren Armen in meine Hütte wanken könnte, Gott! wie gern wollt ich da meine Trauerstunden vergeßen, und welches Wonne, welches Seligkeitsgefühl wäre dem meinigen gleich. (ab.)

Fünfter Auftritt.

(Pause.) Räuber schnell, sieht sich um.

Räuber. Wohin mag er sein? warum mag er mich verlaßen haben? Ob ihn vielleicht der Alte in seine Hütte geführt? Wie werd ich sie finden können? Ha! da fällt mir ein Gedanke ein, der mich angreift, wie der nahe Donnerstrahl den einsamen Wanderer — wie? wenn er mich verrathen, mich

mich dem Richter überliefern könnte? (Pauſe)
bei Gott! dieſer Gedanke durchkreuzt das Innerſte
meiner Seele, könnt: er das thun — ha ich müß=
te der Ehrlichkeit der Menſchen fluchen, müßte
das Naturgepräge, das in des Mannes Geſicht
liegt, und das von Rechtſchaffenheit und Tugend
zeugt, belachen, verſpotten, müßte für Wahrheit
taub ſein, die Menſchen für Teufel halten müſſen.
(Man hört auf dem Gebürge lärmen.) Ha, was hör ich!
ich will mich entfernen — (ſchnell ab.)

Sechſter Auftritt.

Nicklas mit Bauern. Ein **Corporal** mit Sol=
daten, kommen zerſtreut über das Gebürg
herunter.

Corp. Halt! wer iſt da weggegangen? wenn
ich mich nicht irre, ſo war es ein Menſch

Nick. Nun, und wenn auch, iſt es ſchon rich=
tig, daß es der Deſerteur ſeyn muß

Corp. Kömmt, Kameraden! wir wollen wei=
ter.

Nick. Ey ja wohl — wer nicht klug wäre;
das iſt gerade ſo ein Ort, wo ſichs recht gut aus=
raſten läßt, ich bleib hier, hab mir ohnehin ſchon
die Füße halb aus dem Leib gelaufen.

Corp. Donner und alle Wetter, in der Zeit
geht aber der Kerl zum Teufel.

Nick. Und wenn er ſich einmal hier einquar=
tirt hat, ſo iſt ohnehin unſer Suchen umſonſt,
der Teufel, mag einen aus des Teufels Klauen

_ wie=

wieder herausholen, aber ich nicht — ich bleib hier.

Bauer. Der Deserteur, den wir suchen sollen, kann vielleicht schon über Berg und Thal seyn.

Corp. Marsch, ihr Leute! wir gehen weiter (ab, mit Soldaten und Bauern.)

Nick. Marsch, ihr Leute! und ich bleib da; meint ihr etwa, ein Grundrichter sey nur da, um sich im Wald herumjagen zu lassen — an einem Kerl, wie ich bin, ist etwas gelegen; dergleichen Männer kommen nur alle 100 Jahr einmal auf die Welt, habt ihr mich verstanden? (sieht sich um.) Schaut — schaut — sie sind fort, und den Grund- richter, der doch die Eßenz von der Polizey ist, lassen sie allein da. (Pause.) Meinethalben, sie werden mich schon aufsuchen, wenn sie mich haben wollen, jetzt will ich hier ein bißl ausrasten — (geht an den Platz hin. wo Werner gelegen.) Aber was zum Henker! was liegen denn da für todte Vögel? (hebt sie auf) ha ha ha! eben recht, die nimm ich mit nach Haus, (Werner kömmt.) wer kömmt denn da — tausend sa sa — ich glaub gar — ja er ists ich muß ihm nur mit Kriegslist erwischen, (versteckt sich hinter einen Baum.)

Siebenter Auftritt.

Werner, Eremit.

Erem. Wie ich dir sage, Freund! dahin geht der Weeg in das nächste Städtchen.

Wern.

Wern. Dank, Alter! bis morgen ſehen wir uns wieder, und dann das weitere — lebt wohl!

Erem. Mißbrauche mein Zutrauen nicht, Jüngling! ich weiß nicht, dein Geſicht empfielt dich, du gefällſt mir. Du biſt ſo ganz dazu ge= macht, um alle Mitmenſchen durch deine Mine für dich einzunehmen, und dich von jedem, der dir nahe kömmt, als Bruder umarmen zu laſſen, leb wohl — leb wohl — Jüngling. (Drückt ihn freu= dig an Buſen, ab.)

Achter Auftritt.

Werner allein, hernach Nicklas.

Wern. (Pauſe.) Welch ein ehrlicher alter Mann; der Himmel vergeb deinen Kindern, wenn ſie dir deine grauen Haare mit Kummer färbten. (ſieht ſich um.)

Nick. (ängſtlich, beiſ.) Der iſts, ſo wahr ich Grundrichter bin, wenn jezt nur die Soldaten da wären.

Wern. Ich hör eine Menſchenſtimme, vielleicht mein Landsmann! he (ruft) Landsmann! Lands= mann!

Nick. (für ſich.) Ja, der Teufel iſt dein Landsmann, der Kerl hat ein Gewehr, weit da= von iſt gut für den Schuß.

Wern. (ſieht ihn, geht auf ihn zu mit gezogenen Hahn.) Wer da? Freund oder Feind! red — oder —

Nick. (kömmt ängſtlich hervor) Ein guter, ein guter Freund. (beiſ.) Tauſendſapperment! wie bin ich erſchrocken.

Wern.

Wern. Wer biſt du, Kerl?

Nick. Ey du Grobian, (laut.) Ich bin, ich bin der Grundrichter von Bergau.

Wern. Bergau, wie weit iſt es noch bis dahin?

Nick. (für ſich. Pauſe.) Jezt fragte er noch, wie weit es dahin iſt, und iſt heute Nacht erſt davon gelaufen. (laut.) wie — wie weit? —

Wern. Nun werd ichs erfahren? (eben ſo mit dem Gewehr.)

Nick. Es iſt — es iſt nur eine kleine halbe Stunde, (beiſ.) der weiß einem die Worte heraus zu praktiziren.

Wern. Gut, ſo mußt du mich hinbringen.

Nick. Wer? ich? — ſo ganz allein? nein, ich dank, ich will warten, bis unſerer mehr ſind, der Herr hat da (zeigt auf ſein Gewehr.) ſo eine Compagnie bey ſich, mit der ſich nicht gut reiſen läßt.

Wern. Wofür hältſt du mich, Freund?

Nick. Für — für einen kreuzbraven Herrn, (beiſ.) wenn ichs ſagen muß.

Wern. Wie ich höre, ſo liegt in Bergau Garniſon, ich will dahin, und Soldat werden.

Nick. Schaut — ſchaut wie kurioß — Soldat werden? wenn der Herr Jemand foppen will, ſo ſuch er ſich jemand anders; ich bin Grundrichter, und ein publicus personus.

Wern. Wer will euch foppen? es iſt mein Ernſt, ich will Soldat werden.

Nick. Soldat werden? um Vergebung, warum iſt den der Mußieu heut Nacht davongelaufen, he? ſchämt er ſich nicht, iſt noch ſo ein gut konditionirter Mann.

Wern. Ich, davongelaufen?

　　　　　　　　　　　　　　　　Nick.

Nick. Ja er, man sucht ihn schon in ganzen Wald —

Wern. Mich suchen? — ich versteh' euch nicht? vielleicht irrt ihr euch, Freund! ich war Soldat in rußischen Diensten.

Nick. In — in rußischen Diensten? sagt er?

Wern. Ich komme von Cherson.

Nick. Von Cherson? wo so viel in der Zeitung davon gestanden ist, er ist also nicht der Deserteur, der heut Nacht auf und davon ist? —

Wern. Wie könnt ich das? da ich schon 9 Jahre von meinem Vaterland entfernt bin; kommt, Freund! zeigt mir den Weg nach Bergau.

Nick. (beis.) Jezt seh ich aber erst, daß der Grundrichter ein Stockfisch ist, hat ja einen ganz andern Rock an, als unsere Soldaten, (laut.) aber, weiß er was, ich trau' ihm doch nicht so ganz, geb er mir sein Gewehr.

Wern. Wozu? hier (giebts.)

Nick. Jezt auch seinen Säbel.

Wern. Aber wozu den (giebt ihn auch) alles das?

Nick. Jezt laß er noch daher greifen, (greift ihm an die Tasche,) ob er kein anders Schießgewehr in der Tasche hat? und jezt 6 Schritte voraus.

Wern. Aber warum das alles? Freund!

Nick. Weil ich ihm nicht trau, (er hängt alles um) mein Leben ist mir lieber als seine Compagnie — Marsch voraus — oder ich geh nicht mit.

Wern. (will ihn an Arm nehmen.) Kommt, Freund! kommt.

Nick. Sechs Schritte vom Leib, sag ich — oder ich ruff meiner Mannschaft; denn er muß wissen daß ich etliche 1000 Mann im Wald umher postirt habe.

B

Wern.

Wern. So seid doch klug, (will ihn wieder am Arm nehmen) es geschieht euch nichts böses.

Nick. Schon recht, so geh er nur voraus. Dergleichen Leuten sieht man lieber auf den Rük-ken, als in die Augen — fort — fort — marsch!

Wern. (für nch.) Ich muß dem närrischen Kerl schon nachgeben; (laut.) also ich gehe voraus. (ab.)

Nick. Ha, ha, ha! den hab ich erwischt; schön vorsichtig muß man seyn, wenn man in der Welt fortkommen will, besonders ein Grundrichter; den kommen ja oft Sachen unter die Hände, es krazt sich mancher Advokat hinter den Ohren; also 6 Schritt voraus — und ich 6 Schritte nach, da müßt es ja mit dem Teufel zugehen, wenn er mir da auf den Leib käme. (ab.)

Neunter Auftritt.

Rall, des Räubers Kleidung unter dem Arm, im Uiberrock, schleicht auf der andern Seite herzu.

Rall. Wem mag diese Kleidung zugehören? ha, ein herrlicher Gedanke! wenn ich Julchen kommen sehe, will ich sie anziehen, um sie desto sicherer belauschen zu können; gestern hörte ich, daß sie früh in den Wald gienge, um Kräuter zu sammeln daß ich das Mädchen fände, sie fände, um ihr zu sagen, daß ich ohne sie nicht leben, ohne sie dahin welken müßte, wie ein Blume verwelkt von dem Wurm — (sieht sich um,) aber was seh ich, bei Gott! sie ists — sie ists — ha, wie sie dahergeht, gekleidet in die weiße Farbe der Un-schuld. Ja — es sey (zieht den Räubermantel an.) ich will mich verbergen. (schaut ab.)

Zehn-

Zehnter Auftritt.

Julie, (ein Körbchen am Arm , worinn sie
Kräuter hat, hernach Lieutenant Rall.)

Julie. Das erstenmal, daß ich umsonst komme,
um meinen lieben Alten zu besuchen; wo er doch
seyn mag? Wenn er etwa ein Unglück gehabt,
oder gar — nicht doch —vielleicht, daß er sich zu
weit von seiner Hütte entfernte, und den Rück-
weg nicht gleich finden konnte. (Rall kömmt hervor,
sie erblicket ihn gleich, erschricet.) ha, wer kommt da,
allmächtiger Gott, ich muß fliehen. (will schnell fort.)

Rall. Julie! Julie!

Julie. (Ohne sich umzusehen.) Er nennt meinen Namen, die Stimme ist mir bekannt, wer
mag es seyn? Gott! ich zittere!

Rall. Bestes Julchen! ich bin's — harre —
ich bürge, es soll dir nichts böses wiederfahren.

Julie. (Pause.) Sie hier, Herr Lieutenant! in
dieser Kleidung? was bewegt sie zu dieser Vermum-
mung?

Rall. Nichts anders als meine Liebe zu dir;
es ist uns allen ein Räthsel, liebes Mädchen!
warum du alle Wochen an diesem Tage in den
Wald gehst; die Frau von Sommer erfuhr gestern durch ein ohngefähr, daß du in deinem
Körbchen, worinn du immer Kräuter nach Hause
bringst, Brod, Milch und sonstige Eßwaaren
einpackest, um diese vermuthlich jemand Dürf-
tigem zu überbringen. Sag mir, liebes, gutes
Mädchen, was ist eigentlich deine Verrichtung
hier?

Julie. Ich sammle Kräuter, und verkaufe sie an die Aerzte.

Rall. (Oefnet ihr Körbchen.) Für wen ist denn dieses Brod bestimmt, das du in deinem Körbchen hast?

Julie. (Stotternd.) Für, für Niemand — für gar Niemand, (sieht ängstlich zur Erde.)

Rall. Du siehst zur Erde? du stotterst? (zärtlich.) gutes Mädchen! soll ein Mann, der dich so innig liebt, nicht ganz die schönen Eigenschaften deiner grossen Seele kennen lernen? wisse, um das Geheimniß desto sicherer zu erfahren, warf ich mich in diesen Mantel, den ich in dieser Nähe gefunden habe. — Entdecke dich, du weist, wie sehr ich dich liebe.

Julie. Und sie wissen, daß, wenn ein's nicht wäre, auch ich sie lieben könnte, aber —

Rall. Aber — rede, bestes Mädchen!

Julie. Schon sagt' ich ihnen, Freund! daß ich geliebt, daß mir ein früher Tod meinen Geliebten entrißen hat; o Freund! sie hätten ihn kennen, sie hätten sehen sollen, wie sein Herz voll der reinsten Liebe gegen mich schlug. — Vier Jahre war ich alt, als ich ihn sahe, ihn zum erstenmale als Kind umarmte, das noch nichts als Mutterliebe fühlte; o seit diesem 4ten Jahre war er mir alles auf der Welt; ich pflückte ihm des Frühlings die ersten Veilchen, auch wenn ich noch den Uiberbleibsel des Schnees von ihren zarten Blättern abkratzen mußte — ich brachte sie ihm, und ein unschuldiger Kuß, so wie er auf die Lippen eines 4 jährigen Kindes gedrückt werden kann, war meine Belohnung.

Rall. (Für sich.) Das Mädchen ist ein Engel!
(Wirft seinen Mantel ab.)

Jn

Julie. So wie ich als Kind den Knaben
liebte, und mich in ſeine jugendlichen Spiele
mengte, ſo lieb' ich als Mädchen den Jüngling.
Aber Freund! meine Eltern ſtarben (mit Thränen.)
ich ward eine Waiſe; mein Vater hinterließ mir
nichts, als Rechtſchaffenheit und Ehre, drey
Tage noch, daß wir beim Altare verbunden werden ſollten, ſo verließ er mich in ſeinen Verrichtun-
gen, ich ahndete nichts, plötzlich — Gott! hörte
ich die Nachricht, daß er Wortwechſel gehabt,
von Werbern erſtochen, und für mich auf ewig
verlohren wäre. (Weint.)

Rall. Beſtes Mädchen! deine Erzählung
bringt mich zu Thränen.

Julie. 9 Jahre ſind ſchon vorüber, und noch
wühlt der Schmerz ſo neu in meinem Buſen, als
wenn es noch geſtern wäre. (Drückt ihm die Hand.)
Freund! glauben ſie mir, ein Mädchen von Empfindung und gutem Herzen, das zum erſtenmal
warm und zärtlich liebt, zum erſtenmal liebt, und
in ihrer Liebe getäuſcht wird, das Mädchen muß
einen Mann finden, der ein Engel iſt, oder,
bei Gott! ſie liebt nicht mehr.

Rall. Aber Julie! ſollten die Vorzüge dei-
nes verſtorbenen Lieblings nicht durch meine
Zärtlichkeit, durch meine heftige Liebe gegen dich
erſezt werden können? Sieh, hier auf den Knien,
Mädchen! bitt ich dich, beſchwöre dich bey dem
Himmel, der uns umgiebt, ſey menſchlich, dein
Kaltſinn, deine Gleichgültigkeit, dein Haß,
Mädchen! —

Julie. Haß — Lieutenant! (Pauſe) dieſer
Kuß, (küßt ihn auf die Stirne.) ſoll ihnen ſagen, ob
ich ſie haße, aber lieben werd' ich ſie niemals.

Rall. (Steht schnell auf.) Niemals lieben? (mit
Feuer.) Himmel! muß das Mädchen solche Züge
im Gesichte haben, die mich mit eisernen Fesseln
an sie ketten; warum wohnt eine so schöne En-
gelsseele in ihre abasen? warum hat sie ein Herz,
daß mich nicht lieben, mich auch nicht hassen kan,
warum habe ich Augen, daß ich sie sehen mußte,
warum Empfindung in meinen Herzen für ihre
Rechtschaffenheit?

Julie. (Schnell.) Lieutenant! (Drückt ihm die
Hand.) Sie sind mein Freund!

Rall. Mädchen, du bist ein seltnes Geschöpf,
und könnt ich dich weniger lieben, weil du mir
deine Gegenliebe versagst, ich müße ein Teufel
sein. (Man hört auf dem Gebürge Lärmen.)

Julie. Um Gotteswillen, was hör ich, Lieutenant! verlaßen sie mich, ich muß gehen.

Rall. Aber wohin, Mädchen! dieser einsame
Wald, die Gefahren, denen du dich Preiß giebst.

Julie. Das Mädchen Freund! das Tugend
und Ehre liebt, ist auch unter Teufeln in keiner
Gefahr. (ab.)

(Man hört stärkern Lärmen, man schießt auf dem
Gebürge.)

Rall. Was mag dieses zu bedeuten haben?
Lärmen auf dem Gebürge, ha, vielleicht sind
Leute ausgeschickt, um den heute Nacht entwichenen Deserteur aufzufangen, aber was seh' ich,
welch ein rasender Mensch kömmt daher, die
Hände ringend, ich muß mich entfernen. (Geht
zurück ab.)

Eilf=

Eilfter Auftritt.

(Räuber ſchnell mit zerrauften Haaren.)

Räuber. Wohin ſoll ich mich verbergen? wie kann ich mich retten? ha, bald kömmt Reue in meine Seele zurück, den Schurken von einem Kerl nicht eine Kugel vor die Stirne gebrannt zu haben; nicht anders? er gab mir dieſen Rock, um damit mein Verräther zu werden, (mit umgeſchlagenen Mauern.) ha, wenn man öfters die Handlungen der Menſchen unterſucht, ihre Beweggründe, ihre Triebfedern, bei meiner armen Seele! der Menſch iſt das falſcheſte, ſchlechteſte, elendeſte Ding, das nur auf dem ganzen Weltrund gefunden werden kann, er betrügt, wird wieder betrogen, iſt ein Schurke, findet aber noch immer größere Schurken, als er war, und am Ende ſucht man einen ehrlichen Kerl, den man ſich entdecken will, entdeckt ſich ihm, und das Ende vom Lied iſt, — verrathen, verkauft, betrogen, (Pauſe.) Ja ich, Dummkopf! wußte ja doch, daß ſo ein alter Sünder, wie ich bin, nicht mehr füglich zurückkehren, und Buße thun könnte. (wendet ſich um. Mittlerweile haben ſich die Soldaten und Bauern leiſe von dem Gebirg herunter geſchlichen.) Ha! was ſeh' ich — (tobt zurück,) bey der Himmel! ich bin verrathen.

Zwölfter Auftritt.

Vorige, Corporal, Bauern, Soldaten.

Corporal. Halt! Gebt euch gefangen.

Räuber. Nicht eher, bis ich die Ursache weiß, wer schickt euch hieher?

Bauer. Seyd ihr nicht der Deserteur, der heute Nacht davongelaufen ist?

Räuber. Deserteur? ich war nie Soldat.

Corporal. Keine Umstände, ihr müßt mit, folgt mir in die Stadt, marsch. —

Räuber. Ich folge nicht.

Corporal. Wenn er nicht will, mit Gewalt, marsch!

Dreizehnter Auftritt.

Vorige, mehrere Bauern auf der Seite.

Bauer. Hat man auch einmal erwischt, desto beßer.

Corporal. Folgt gutwillig, oder ich laße euch binden.

Räuber. Herr! ihr sucht einen Deserteur, der bin ich nicht, also, läßt mich frey.

Corporal. So seyd ihr wenigstens ein Mann, der dienen kann, allon's, marsch.

Räuber. Ich folge aber nicht.

Corporal. Bindet ihn, (sie binden ihm die Hände, er will sich losreißen.)

Räuber. Herr! welches Recht habt ihr dazu.

Corporal. Bindet ihn, marsch. (sie zerren ihn fort, alle ab.)

Vier=

Vierzehnter Auftritt.

Zimmer in des Faßbinders Haus, Nannchen kömmt, Thaddäus ſchleicht ſich heimlich hinter ſie hin.

Nan. Wenn mich doch nur der dumme Junge zufrieden ließ, ich hoffe doch nicht, daß er etwa daran denken, und mich auf böſe Wege bringen will —

Fünfzehnter Auftritt.

Nannchen, Thaddäus.

Thad. Ha ha ha, — nun freylich denk ich daran, liebe ſchöne Jungfer Nannette!

Nan. (nimmt ihn am Arm) Geh, geh, pack dich deiner Wege, man braucht dich nicht hier.

Thad. Nun, nun nur nicht ſo unhöflich, es iſt ja meines Herrn Vaters Haus, werd doch da bleiben dörfen?

Nan. Aber nichts mit mir reden ſollſt du; (für ſich) Wenn ich ihm nur vom Hals bringen könnte, (eben ſo) geh, Thaddäus, die Mutter hat dir gerufen, geh!

Thad. Ich geh aber nicht, das Zimmer gehört meinem Herrn Vater, deßwegen bleib ich da (weint) Es iſt aber eine Sünd, wie du mit mir umgehſt, ich (ſchluchzt laut) bin doch dein ehrlicher, leiblicher Herr Vetter

Nan. Aber lieber Himmel, wenn der Herr Vetter nur nicht ſo einfältig wäre.

B 5 Thad.

Tad. (eben so) das ist ja gut für dich, wenn du einen einfältigen Mann kriegst, kannst hernach die Haushaltung desto beßer führen.

Man. O Taddäus, o Taddäus! ha ha ha, du mein Mann, was wird da heraus kommen.

Tad. (schmebzend) Es ist schon recht, wart nur, die Frau Mutter ist nur meine Stiefmutter, sie hat mich aber doch gern, und wenn sie nach Hause kömmt, will ich ihr alles haarklein erzäh= len, wie abscheulich du mit mir umgehst. —

Man. Und so bald der Herr Vetter nach Hau= ße kömmt, will ich ihm alles haarklein erzählen, wie schön der Mußieu Taddäus zu liebeln weiß.—

Tad. (weint) Jetzt geh, sollst dich schämen, dein Herz ist dicker als ein Pfundleder (schluchzt.)

Sechzehnter Auftritt.

Vorige, Niklas, sein Weib, Werner. Tad= däus erschrickt.

Nik. He he he! was ists — was giebts denn wieder, ich mag halt kommen, wenn ich will, so giebts Verdrüßlichkeiten im Haus; (zu Werner.) Mach sichs der Herr bequem, er muß noch da bleiben, und mir Neuigkeiten erzählen, zum Sol= dat werden ists immer noch Zeit genug — da geh her, Mädel, nimm den Schlüßel und mach un= ser Schlafzimmer auf, und führ den Mußieu hin= =über, daß er seinen Sabel und Tournister able= gen kann, hasts ghört, Mädel!

Man. (freudia) Ja Vetter, ja Vetter (leise zu ihm) der Mensch gefällt mir nicht übel, Vetter! es ist ein galanter Soldat.

Nik.

Nik. Sags ja, da haben wir jetzt den Teuͤ-
fel im Haus.

Frau. Lieber Mann! das iſt ja ein charmanter Menſch. —

Nik. (nachäffend) Ein charmanter Menſch? o
ich Eſel von einem Grundrichter! bring den Kerl
ſelber ins Haus — weiß er was Mußieu, damit
Friede bey den Weibern iſt, pack er ſich zum
Stadthauptmann.

Frau. Es iſt ja nur Scherz, wer wird denn
an etwas böſes denken.

Man. Wer wird ſich denn gleich verlieben —
komm der Herr! (nimmt ihn an Arm) mit mir, ich
will ihm ſchon verſorgen.

Wern. Ein herrliches Mädchen! Herr Grundrichter, ein liebes Mädchen!

Nik. Nun iſts mir ſchon recht, es iſt mir
doch lieber, als wenns meinem Weib gälte. —
Marſch, bleibt mir nicht zu lange aus, und du,
Mädl! führ dich beſcheiden auf.

Wern. Freund! umſonſt nahmen ſie mich
nicht in ihr Haus, das Mädchen gefällt mir.

Nik. Nun ſo führ ſich der Herr geſcheid auf,
und laß er ſich zum Feldwebel machen, dann
ſchenk ich ihm den Wechſelbalg auf den Buckel.
Werner mit Nannchen ab. Taddäus ſchluchzt laut.

Siebenzehnter Auftritt.

Niklas, ſein Weib, Taddäus.

Frau. Was? du machſt da Anſpielung mit dem
Mädel zum heurathen! komm, unterſteh dichs, das
wär

wär die rechte Höhe, was blieb denn hernach
für unsern Taddäus übrig, he! (Taddäus, der indes
sen gedankenlos, weinend da stand)

Mik. (lacht.) Was? der Kerl soll schon heurathen? ja, ich will ihm den Copulations-Schein
auf den Buckel schreiben ha, ha, ha! ist der Pur-
sche noch nicht aus der Lehr, und soll schon
heurathen?

Tadd. (weinend) Aber, Herr Vater! ich bin ja
doch schon 16 Jahr und 13 Monat alt.

Mik. Still sey Spitzbub! oder ich jag dir
das Heurathen aus dem Leib hinaus, daß du in
deinem Leben nimmer daran denken sollst.

Frau. So sey nur vernünftig, Mann! wirst
ja auch nicht anders gemacht haben, das lieben
steckt halt schon in unserer Natur.

Mik. Das soll aber nicht seyn, der Pursch
muß warten, bis er 40 Jahre zählet. (Taddäus
schluchzt laut.

Frau. Wenn aber dein Vater auch so gedacht hätte, wie wär denn dirs gegangen.

Mik. Blitz safferment! bin ich denn auch so
ein Hasenfuß geweßt, wie der Kerl da? der Bub
ist ja zu dumm zum Gänserupfen, will geschwei-
gen, zum heurathen; schau Weiberl, ich als
Grundrichter muß ja schon gescheider auf die
Welt gekommen seyn, als der Narr noch bis
dato ist. (nimmt sie an der Hand) Weiberl! du weißt,
ich hab dich lieb, hätt dich noch lieber, wenn
du nicht bisweilen so kleine Liebesaffairen mit
dem Herrn Amtmann — nun nun, vor den Kindern soll man so etwas nicht reden — aber schau,
der Bub wird alle Tage älter — lesen kann er
noch nicht, schreiben thut er, das ist wahr, aber
der Teufel mags zusammen buchstabiren — der

Kerl

Kerl iſt ſchon 19 Jahr alt, und guckt noch ſo dumm in die Welt, wie unſers Nachbars Packeſel; was wird da heraus kommen? zum Handwerk iſt er auch noch nicht zu gebrauchen, was ſoll er denn mit einem Weib machen — ſchau, Weiberl, du verſtehſt die Haushaltung meinetwegen, aber vom Heurathen verſtehſt du den Teufel.

Frau. Hab mirs halt mein Lebtag ſagen laſſen, der Verſtand kommt nicht vor den Jahren.

Nik. Soll er vielleicht erſt kommen, wenn er ein Grundrichter wird, wie ich, nichts! der Bub ſoll vor ein dutzend Jahren noch nicht ans heurathen denken.

Tadd. (ſchluchzt laut) O Jerum! o Jerum! Herr Vater, das iſt viel zu lang, bis dahin kann ich unmöglich warten.

Nik. Macht der Kerl nicht ein Geſicht, wie ein ausgebalgter Kinigelhaas, — fort, Purſch! in die Werkſtatt, nimm du den Hobel in die Hand, und hoble dir die Heurathsgedanken aus dem Sinn, oder gieb acht, ich hoble dir die Spähne vom Buckel, daß du dich wundern ſollſt.

Tadd. Aber, (ſchluchzend) Herr Vater! das Heurathen wär mir halt viel lieber, als das Handwerk. —

Nik. Willſt du fort. (jagt ihn fort.)

Tadd. (mit weinen ab) Ja, ich geh, hi, hi, hi, ich möcht halt doch lieber heurathen. (ab)

Achtzehnter Auftritt.
Niklas, ſeine Frau.

Nik. Spitzbub von einem Kerl — heurathen? wart ich will dirs heurathen vertreiben, ſind die

Kerls

Kerls einmal hinter den Ohren trocken, so wollen sie heurathen, und bedenken nicht, daß Mann und Weib an einander gebandelt hängen bleiben.

Frau. Nun, nun, — es will halt alles in der Welt ein paar, seyn.

Mik. (nachäffend) ein Paar, ein Paar seyn? Es wär schon recht, wenn ihr Weibsleute nur immer dabey bleibet, aber da wollt ihr oft das Paar überschreiten, und da ist der Mann gefoppt, er weiß nicht, wie?

Frau. Schau, schau, wie du so einfältig daher redst, du stichelst gewiß auf den Amtmann, ha ha ha!

Mik. Hast mich verstanden, desto beßer; schau, der Amtmann ist mir das, was einem Hund sein Kamerad ist, wenn er mit ihm an einem Bein nagt — glaub ohnehin, daß er sich schon in meine Freundschaft hat einschleichen wollen, aber nur Geduld, treff ich ihn nur an, ich werd ihn sicher wieder hinaus schlegeln, daß es eine Art haben soll.

Frau Was du doch für ein alberner Mann bist, der Herr Amtmann und ein Faßbinderweib?

Mik. So — ist der Faßbinder nicht auch zugleich ein Grundrichter? und zudem Weiberl! es hat sich schon mancher, gegen den der Amtmann nur ein Bettelbub ist, in die Hausfreundschaft eines armen Teufels geschwärzt, warum nicht auch in die meinige, es kommt bey dergleichen Sachen nur immer auf die Umstande an.

Neun-.

Neunzehnter Auftritt.

Vorige, Werner, Nannchen Arm in Arm.

Nie. Blitzmädl! wo bleibſt du denn ſo lang? nun mir iſts recht, die zwey Leutelu ſind ſchon ſo miteinander bekannt, als wenn ſie von rechts wegen zuſammen gehörten; was hat er ſich denn ſo lange bey dem Mädel aufgehalten, Mußieu!

Wern. Ich hab ihr Neuigkeiten erzählt aus Cherſon.

Nan. Nein, Vetter! wir haben von ganz andern Sachen geſprochen.

Nie. Nun da haben wirs — geh, Weib! hohl uns Wein herauf, und du, Mädel, gehſt fort, und er bleibt da, er muß mir erzählen.

Nan. Aber, Vetter! ich möcht gar zu gerne da bleiben, der Menſch gefällt mir, und ich ge= fall ihm auch, er hats geſagt, und, er hat mich auch ſchon geküßt.

Nie. Sags ja, die ähnliche Frau Muhme, als wenn beyde von einem Taig wären, jetzt Weibsleute! Geht fort! oder —

Frau. Recht, ich gehe, und dir zum Troß (für ſich) unterhalt ich mich in der Zeit, daß du Neuigkeiten anhörſt, mit dem Herrn Amtmann (ab.)

Nan. Nun adieu, ſchöner Herr Soldat wenn ſie da mit erzählen fertig ſind, ſo vergeßen ſie auf mich nicht, und kommen ſie — ſie wiſſen ja, ich hör' auch gern etwas neues. Adieu (ab.)

Nie. (ſieht ihr nach) hörſt auch gern etwas neues — jetzt, da ſetz ſich der Herr, und ſag er mir, wie lang hat er bey den Moßkowitern ge= dient?

Wern.

Wern. 8 Jahre, 5 Jahre hab ich kapitulirt, und so bekam ich meinen Abschied.

Nick. Wenn nur der Pursch mit dem Wein käme, (laut) und wohin soll jetzt die Reise gehen?

Wern. Nach Weyler, das Städtchen kann nicht mehr 8 Meilen von hier entfernt seyn.

Nick. Ja, vor 5 Jahren, aber jetzt ist der Weg abscheulich weit.

Wern. Wie so, Freund?

Nick. Weil die Stadt vor 5 Jahren, bey Stumpf und Stiehl abgebrandt ist.

Wern. (steht auf, erschrickt) Abgebrannt, Gott! was hör ich, und die dortigen Einwohner?

Nick. Können jetzt betteln gehen, wo sie wollen. —

Wern. Allmächtiger Gott! könnt ihr mir nicht das Schicksal eines dortigen Amtmanns sagen, er nannte sich Franz Werner — Gott weiß, ob der alte Mann noch lebt — ob seine Tochter —

Zwanzigster Auftritt.

Vorige. Taddäus mit einem Corporal.

Tadd. Nur da herein, Herr Corporal! wer weiß, was das für ein hergelaufener Mensch ist.

Corp. Wer sind sie, mein Herr?

Wern. Ein Soldat, wie sie sehen, ich diente bey Rußland.

Corp. Sie folgen mir zu den Stadthauptmann. (Taddäus lacht heimlich)

Wern. Gerne, sehr gerne, adieu, mein Freund (zu Nick.) ich bin bald wieder bey euch. (beyde ab)

Nick.

Nick. (mit offenem Munde zu sich) Hast jetzt Neuigkeiten gehört, alter Esel, he? —

Tadd. Ja Vater! das freut mich, daß er fort
muß, jetzt läßt er mir doch die Jungfer Mahm
in Ruh. Ich wollt, daß er gar nie mehr zurück
käme, (lacht schadenfroh)

Nick. Hast du vielleicht gar den Herrn Cor-
opral gehohlt.

Tadd. Wer anders als ich, ja Vater!

Nick. Wart, (jagt ihn fort) Schurke!

Tadd. Ja Vater! ja Vater! ich hab ihn ge-
holt. (beyde ab)

Einundzwanzigster Auftritt.

Große Werkstadt, in des Faßbinders Haus, ver-
schiedene halb und ganz verfertigte alte und neue
Fässer, in der Mitte ein großes, welches eben
zusammen gebunden wird, Faßbinder Stühle und
dergleichen Werkzeug. Amtmann und die Faß-
binderin.

Amt. (ängstlich) Wenn ich dir aber sage, mein
liebes Weibchen, daß es mir gar nicht gut zu
Muth ist; wenn etwan ihr Mann käme —

Faßb. So sind sie doch ruhig, mein Mann
kömmt nicht, wie ich ihnen sage, und meine
Bindergesellen hab ich fortgeschickt, um die Dau-
feln zu setzen.

Amt. Alles schon recht, aber es wär mir gar
nicht angenehm, wenn mich ihr Mann so ganz
allein bei ihr anträfe —

Faßb. Ich sag ihnen aber, er kömmt nicht —
potz Plunder und kein End Herr Amtmann!
mein Mann!

(Man hört Nicklas mit seinen Binderknechten lärmen.)

Amt. (bittend, die Hände ringend) Aber liebes, gol-
denes Weibchen! was fang ich nun an? bey
meiner armen Seele, er ists, was fang ich nun
an?

Faßb. Hilf Himmel! Sie müssen, Herr Amtmann — sie müssen.

Amt. Und was? so red sie nur ich spring
zum Fenster hinaus.

Faßb. Das ist unmöglich. (man hört näher lärmen)
o Himmel! er kömmt schon, sie müssen sich verstecken.

Amt. Verstecken? richtig, wie wenn? ja ich
spring in das Faß (klettert in das in der Mitte stehen-
de Faß)

Zweiundzwanzigster Auftritt.

Vorige. Nicklas jagt die Binderknechte herein.

Nick. Wollt ihr hinein, ihr Faulenzer! sags
ja, sobald die Kerls dem lieben Tag einen guten
Morgen geben, so gehts aus Eßen, und wenn
sie den Magen voll haben, so gehens spatzieren,
fürs Wochengeld laßens den Meister und unsern
lieben Herrgott sorgen.

Faßb. Die Frau Meisterin hat uns ja fortge-
schaft —

Nick. Nicht raisonirt, sag ich, ich bin Grundrichter, und verlang von euch einen Respekt.

Faßb.

Faßbk. Nun, nun, es iſt ſchon recht, ſo kön=
nen wir ja arbeiten —

Sie nehmen ihre hölzernen Hämmer, gehen an das Faß, wo=
rin der Amtmann ſteckt.

Nick. Und was machſt denn du ganz allein
da? haſt mir vielleicht gar die Kerls von der
Werkſtadt fortgejagt? ich ſag es ja, es iſt keine
Ordnung im Haus.

f. Weib. (löst heimlich ihre Schürze ab, wirft ſie ohne
ſich zu entdecken in das Faß) Nun, wenn dirs nicht
recht iſt, ſo kann ich ja auch gehen.

Nick. Fort, geh. Jetzt da ſtehens, wollt ihr
anfangen, ihr Limmel!

Sie gehen alle an das Faß, ſchlagen nach den Takt einen
Reif an, das Weib will Niklas fort haben, beyde ab. So
wie ſie bald fertig ſind, erhebt ſich der Amtmann, die Schür=
ze über den Kopf gebunden, ſie erſchrecken, es geſchehen noch
einzelne Schläge an das Faß, ſie weichen nach und nach zu=
rück, ängſtlich um den Meiſter zu hohlen ab. Tabbäus kömmt
dazu, der Amtmann verkriecht ſich wieder.

Tadd. Ha! ha! ha! daß iſt jetzt ſicher wieder
eine kleine Spitzbüberey von meinem Herrn Va=
ter, das weiß ich, ich muß doch die Sache nä=
her unterſuchen — (er nimmt oben das Faß, um deſto
leichter hineinſchauen zu können, mittlerweile kriecht unten
der Amtmann durch) ha! ha! es iſt ja nichts drinn
(er ſteigt oben hinein) nur Geduld! jetzt will ich mei=
ne Knechte foppen, (er hört lärmen, die Wanderknechte
kommen, Niklas, ſein Weib am Arm, Nannchen, Tabbäus
verkriecht ſich, der Amtmann ſchleicht hinaus)

Nick. Weib! ſag, wer iſt im Faß verſteckt,
red, oder —

f. Weib. (ſtotternd) In dem Faß, ich weiß gar
nichts, (leiſe) ſo ſchäm dich nur vor den Leuten,
du abſcheulicher Mann du —

C 2 **Nick.**

Nick. Ich will wissen, wer in dem Faß ist.

f. Weib. (leise) So sey nur gescheid, ihm in die Ohren) es ist ja der Herr Amtmann drin.

Nick. (laut schreiend) Was? der Amtmann! im Mehlfaß! kommt her Knechte! wir wollen ihm eine derbe Kindermusik machen, allons! nemmt eure Hämmer, schlagt drauf los.

Niklas, die übrigen sich agen nach den Tackt, endlich schaut Taddäus dumm und ängstlich heraus, kratzt sich hinter den Ohren, alle wundern sich)

Tadd. Vater! ich bins ja, der Taddäus!

Nick. O du Spitzbub! willst heraus (er will ihn eben anfassen, Taddäus verkriegt sich, lacht) willst heraus kommen?

Tadd. (weint, kriecht heraus) Ja Vater! ich komm ja schon, (wie er da ist, springt er plötzlich fort, Niklas ihm nach), alle mit Lachen ab, der Vorhang fällt.

Zweyter Aufzug.

Erster Auftritt.

Zimmer bey dem Landhauptmann Sommer. Land-hauptmann. Lieutenant Rall. Werner. Soldaten an der Thüre.

Landh. Was veranlaßte ihn denn, vor 9 Jahren aus seinen Vaterlande zu entfliehen?

Wern. Bruderhaß und Noth drang mich dazu; ich war Schreiber bey meinem Vater, der

nun

nun seit 6 Jahren, wie ich hörte, todt ist; ich
unterstützte durch meine Arbeit seine alten wan=
kenden Kräfte; der Zeitpunkt war da, daß ich
durch Hülfe meiner Freunde, bey der Stelle
meines Vaters angesetzt, und ihm zugefügt wer=
den sollte; ich hatte noch einen ältern Bruder,
der mir dieses Glück mißgönnte, weil ich mit
einem Mädchen, das auch er liebte, in 3 Tagen
verbunden werden sollte. Mein seliger Vater,
ein ehrlicher, rechtschaffener, frommer Mann,
bemühte sich öfters, uns zu versöhnen, um in
dem Schoose seiner Söhne, die letzten Lebens=
tage in Ruh und Friede beschließen zu können;
allein meines Bruders Haß war ungränzbar;
tausendmal both ich ihm dar meine Hand zur Versöh=
nung, er schlug sie zurück, und drang immer
dadurch einen neuen Pfeil in das blutende Herz
meines alten Vaters. Einige Tage vor meiner
Hochzeit riefen mich Geschäfte über Land nahe
an die Gränze, mein Bruder begleitete mich,
dort fanden wir Werber, wir tranken, mein
Bruder drang in mich, immer mehr zu trinken;
ich wurde berauscht, kam in Wortwechsel, end=
lich in blutiges Handgemenge, man band mir
Händ' und Füsse, verkaufte mich als Rekrut an
die Russen, wo ich 5 Jahre als Gemeiner, und
3 Jahre und 4 Monate als Unteroffizier gedient
habe, hier ist mein Abschied. (gibt ihm denselben)

Rall. Eine sonderbare Geschichte dieses Man=
nes.

Landh. Und was bewog ihn seinen Dienst zu
verlaßen.

Wern Vaterlandsliebe! ich stund unter dem
Regiment der rothen Jäger, die unsere Monar=
chin nach Cherson begleiteten. Ich sah meinen

C 3 Lands=

Landsfürsten, er ging an mir vorüber, fragte
mich um Nahmen und Vaterland; da er hörte,
daß ich Unterthan von ihm wäre, schlug er mich
auf die Schulter, gab mir 6 Dukaten, brav
mein Sohn! sagte er, halt dich fernerhin wa-
cker. Mir quollen über diese leutselige Behand-
lung Thränen aus den Augen, der Gedanke,
mein Blut nicht für Fremdlinge, sondern für
mein Vaterland zu opfern, verließ mich nicht
mehr. Die 6 Dukaten sah ich an als ein Reise-
geld von der Vorsicht, ich bat um meinen Abschied, erhielt ihn, packte zusammen und gieng.

Zweyter Auftritt.

Vorige. Corporal.

Corp. Herr Landhauptmann! Unsere Mühe
den heute Nacht entwichenen Deserteur aufzufangen, war umsonst; wir drangen in das dichteste
Gehölze des Waldes, und fanden einen Menschen, der zwar seiner Aussage nach kein Soldat ist, aber doch Dienste thun kann.

Landh. Laßt ihn vorkommen. (Corp. ab) Werner! sein guter Abschied, sein redliches Gesicht,
flößt mir so viel Zutrauen für ihn ein, daß ich
ihm die Erlaubniß gebe, frey in dieser Kleidung
umher zu gehen.

Wern. Ihr Zutrauen sey mir Aneiferung,
zur strengsten Vollziehung meiner Pflicht.

Drit-

Dritter Auftritt.

Vorige. Corporal, Soldaten, Räuber.

(So wie Werner abgehen will, ſieht er den Räuber, lange
Pauſe, ſehen einander an, beide beben zurück.)

Räub. (heimlich zu ihm) Ha Verräther! heißt
das Wort halten?

Wern. Wen ſeh ich, biſt du hier, Freund!
wie kömmſt du in dieſe Hände?

Räub Da frag dein eigen Herz, iſt das Lohn
des rechtſchaffenen Mannes für Entdeckung eines
Geheimnißes, daß nur du mir mit deiner ehrlichen Mine ablocken konnteſt?

Landh. Kennt er dieſen Menſchen, Werner?

Wern. Ich kenn ihn, ich glaube hier einen
Irrthum zu bemerken; Sie ſprachen von einem
Deſerteur, dieſen Mann kenn ich, aber nicht als
Soldat.

Landh. Was für ein Landsmann?

Räub. Ein Oeſterreicher.

Landh. Wie nennt ihr euch?

Räub Ferdinand Werner!

Wern. Allmächtiger Gott! was hör ich?
wie nennſt du dich, Freund! wie nennſt du dich?

Räub. Ferdinand Werner, ich bin aus Weyler gebürtig, das vor 5 Jahren —

Wern. Aus Weyler? dein Vater?

Räub. War Amtmann.

Wern. Hatteſt du keinen Bruder, der ſich
Carl nannte?

Räub. (Pauſe) Gott! wie iſt mir? das Andenken dieſes Nähmens ſchlägt mich zu Boden,
ſo oft ich ihn nennen höre; Carl! du biſt doch
nicht —

Wern. (ihm in die Arme) Dein Bruder bin ich.

Räub. Ha! so muß der erste Augenblick, worin ich dich finde, mein Gewissen mit tausend herzdurchschneidenden Vorwürfen umgeben? Bruder! vergib.

Wern. (küßt ihn) Vergeßen sey alles, dieser Bruderkuß soll dir sagen, was mein Herze fühlt. Gieb mir deine Hand, schwör mir bei diesem Druck, den ich dir gebe, schwör mir vor Gottes unsichtbaren Antlitz, daß du ein ehrlicher Mitbürger, ein braver Soldat werden, daß du deinen Landsfürsten treu dienen, nur für ihn leben, nur für ihn sterben willst, so sind wir wieder Freunde.

Räub. Bruder! das schwör ich bei dem allmächtigen Gott.

Landb. (zu dem Lieut.) Freund! einer der frohesten Augenblicke meines Lebens.

Räub. Ich bin also nicht von dir verrathen?

Wern. Frag lieber, ob ich ein Schurke sey, wer sich des Unglücks seiner Mitbrüder freuen kann, verdient nicht Mensch zu seyn, und ich, bey Gott! ich kenn keinen schönern, erhabenen Titel, als den, als Mensch zu fühlen, was der Nothleidende fühlt, zu empfinden die Wonne, seine Brüder, die er an den lastenden Arm des schwarzen Lasters einher wandeln sieht, in die süßen Arme der Tugend zu werfen. (drückt ihm die Hand) Bruder! wir verstehen uns.

Landb. Geht mit euren Leuten nach Haus. (zu den Corp.) Leute von diesen Gesinnungen haben keine Wache nöthig. (Corp. mit Soldaten ab) Und ihr, nimmt dieses indeßen statt des Handgelds, ich werde euch morgen zum kapituliren rufen laßen.

Wern.

Wern. Dank! Herr Landhauptmann, aber ein Mann von meinen Gesinnungen kapitulirt nicht, mein Herz huldiget dem Landesfürsten Treue, so lang ich lebe, und dieser Mann! ich bürge für gleiche Gesinnung, denn er ist mein Bruder. (beide ab.)

Vierter Auftritt.

Vorige. Landhauptmännin.

Landh. Dieser seltne Vorfall macht mir vieles Vergnügen. Da kömmt meine Gemahlin, ich hätte gewünscht, daß du eher gekommen wärest, um Augenzeuginn von einem der fröhlichsten Auftritte zu seyn.

Lhmänin. Auch ich, mein Gemahl! unternehme etwas, das dir Freude machen wird, ich ließ das arme Mädchen, welches bei den Faßbinder Niklas wohnt, hieher rufen, und will, daß sie so lange bei mir im Hause bleiben soll, bis sie sich entschließen wird, dem Herrn Lieutnant ihr Jawort zu geben.

Rall. O gnädige Frau! welche Güte!

Fünfter Auftritt.

Vorige. Bedienter.

Bed. Euer Gnaden! es ist ein Mädchen draußen.

Lhmänin. Laßt sie herein kommen, und sie gehen in das Seitenkabinet, und hören, wie ich sie examiniren werde. (Bed. ab)

Rall.

Rall. (küßt ihr die Hand) Gnädige Frau! das Mädchen! und sie machen mich ganz glücklich.

(beide ab.)

Sechster Auftritt.

Vorige. Julie, ängstlich, furchtsam.

Julie. Sie ließen mich rufen gnädige Frau! ich erscheine auf ihren Befehl!

Lhmänin. Nichts Befehl, gutes Mädchen! ich ließ dich bitten.

Julie. Ha! diese Sprache raubt mir alle Furcht. Gnädige Frau, ihre herablaßenden Worte sprechen mir Muth ein, mich um die Ursache meines Hierherkommens zu erkundigen.

Lhmänin. Die Ursache deines Hierherkommens? (Pause, ergreift ihre Hand.) Mädchen! du bist so arm, und doch hört' ich eine Handlung von dir, die alle Geschöpfe unseres Geschlechts erhebt, die mir Ehrfurcht, Hochachtung, Liebe für dich einflößt.

Julie. Ich zittere, gnädige Frau!

Lhmänin. Du zitterst? kann Menschenfurcht in dem Herzen eines Mädchens deiner Art wohnen, die eine so erhabene Seele besitzt, um Handlungen zu verrichten, die nur Menschen von den edelsten Grundsätzen zu verrichten, fähig sind. (Pause.) Sag mir, was ist deine Verrichtung, wenn du alle Wochen in den Wald gehest, und auf den Gebürge Lavendel und Kräuter zu sammeln vorgiebst; verbirg mir nichts, ich bin schon von allen unterrichtet.

Julie. (Pause) Gnädige Frau! ich ernähre einen alten siebenzigjährigen Greisen — Kummer und

und Elend drückten ihn bis in den Staub, Un=
gemach und Unglück machten ihn für diese Welt
unbrauchbar. Er hatte einen Sohn, den ich
liebte, (mit Thränen) an dem meine ganze Seele
hieng, und er starb, den alten liebe ich wie mei=
nen Vater, ich bin arm und eine Waise, des
Nachts arbeite ich, um ihn schon 5 Jahre, mit
meinen Händen ernähren zu können.

Lhmänin. Ich erstaune.

Julie. Ehdem wohnten wir zusammen in ei=
nem Städchen, 8 Meilen von hier, das vor 6
Jahren abbrannte, er wurde durch dieses Unglück
ein Bettler, sein älterer Sohn verließ ihn nach
diesen Unglück, und fremde Hände geben ihm
nun das, was er zu seiner Nothdurft nöthig
hatte.

Lhmänin. Mädchen! (feurig) Die Natur gab
dir ein Herz, das in dem Busen einer Königinn
schlagen dürfte; fodere von mir, was du willst,
alles, was in meinen Kräften steht, sey dir ge=
währt.

Julie. So bitt ich nur um ihre Freundschaft.

Lhmänin. (küßt sie) Diese hast du, denn du
verdienst sie.

Siebenter Auftritt.

Vorige. Landhauptmann. Nall.

Landh. Der Teufel mags da unter der Thür
länger aushalten, aber ich nicht, das Maul wäs=
sert mir schon, wie muß es denn erst den armen
Lieutenant ums Herz seyn.

Lhmänin. Mann! hier ein Mädchen, von
so seltnem, von so gutem weiblichen Charakter,
als ich je eines gefunden habe.

Landh.

Landh. Hab schon alles gehört, (nimmt Hut aus der Hand.) Und hier Mamsel! ein Mann von so seltnem, von so gutem Herzen, er liebt sie Mamsell! das weiß ich, lieben sie ihn wieder, so ist der Knopf gemacht und morgen ist die Hochzeit.

Julie. (Pause.) Gnädiger Herr!

Landh. Nun fort, marsch, geht zusammen in den Garten Herr Lieutnant! ernsthaft, nicht zaghaft, sie wissen ihre Pflicht, der Soldat der bey Weibern seinen Liebesantrag nicht anzubringen weiß, ist auch für den Feind unbrauchbar.

Rail. (nimmt sie an der Hand) O bestes Mädchen wie freue ich mich, daß auch diese vortreflichen Leute ihrer Rechtschaffenheit Zeugen werden.

Julie. Tugend, Freund! beruhiget uns, auch wenn wir sie im stillen ausüben, durch das innere Zeugniß unserer selbst, und gute Handlungen im verborgenen belohnen uns genug, durch das Bewußtseyn, sie verrichtet, und Menschenpflicht erfüllt zu haben.

Achter Auftritt.

Vorige. Niklas, Bedienter.

Bed. Euer Gnaden! der Grundrichter ist da.

Julie. Mein Pflegvater!

Lgmänin. Hier, Julchen! verbirg dich in das Cabinet, ich ließ deine Kleider abhohlen, er wird die Ursache davon wissen wollen. (Julie ab.)

Nik. (an der Thür) Ists erlaubt, das ich vollends ganz herein kommen darf.

Landh. Nur herein, nur herein, Herr Grundrichter!

Nik.

Nik. (kommt gravitätiſch herein) Der Grundrich⸗
richter, Niklas Schlegel ſeiner Profeß⸗on nach ein
Faßbinder, macht euer Gnaden ſeinen höflichen
Gruß.   (alle lachen)

Landb. Dank, dank mein Freund!
           (reicht ihm einer Stuhl.)

Lhmänin. Ich hab ihn ruffen laſſen, Herr
Grundrichter!

Nik. (macht einen tiefen Bückling) Gratias! .das
weiß ich.

Lhmänin. Um wegen ſeiner Pflegtochter,
der Julie. —

Landb. Wie lange iſt das Mädchen ſchon
bei ihm? Herr Grundrichter!

Nik. Es geht ſchon ins 6te Jahr.

Lhmänin. Es muß ein gutes, liebes Mäd⸗
chen ſeyn.

Nik. Ja, ihr Gnaden, ich geb ſelber einen
Gulden darum, wenn ich ihr Vater wär, es iſt
ein Mädel, wie die gute Stund.

Lhmänin. Alſo iſt Julie ein ſo gutes, liebes
Mädchen?

Nik. Und wie erſt? ihr Gnaden! ich glaub
nicht, daß ein braveres Weibsbild auf die Welt
geſezt worden iſt, oder müßtens nur ihr Gna⸗
den ſelber ſeyn.

Lhmänin. Dank, dank, Herr Grundrichter!
Aber jezt zur Sache, weiß der Herr Grund⸗
richter, daß ſich ſeine Julie verheurathen wird.

Nik. Gott geſegne es ihr, aber ihr Gna⸗
den! es wird noch ſchwer dabei hergehn, den⸗
kens an mich, das Mädel iſt ſchon verliebt.

Lhmänin. Schon verliebt? in wen?

                              Nik.

Nik. In einen Todten, (alle lachen) das Mädel liebt einen, von dem keine Naſenſpize, will
geſchweigen ſonſt etwas übrig iſt.

Chin. Und jezt liebt ſie den Herrn Lieutenant,
und der wird ihr Mann. (holt ſie heraus.)

Nick Nun mir iſts ſchon recht, wohl be-
komms — wünſch, daß es gut anſchlog — Herr!
ſie kriegen ein Mädel ſo ſchön und ſo rein, wie
ein diſtillirter Syrup.

Neunter Auftritt.

Vorige, **Julie** ſpringt **Nicklas** in die Arme.

Jul. Lieber Vater! ſeid ihr hier?

Nick. Ja meine Tochter! aber ſchau — du
haſt dich verirrt, da geht der Weg hin, (wirft ſie
Rall in die Arme.)

Jul. Was wollt ihr mit mir , Vater?

Nick. Ich nichts — aber der Herr Lieutenant!
ſchau einmal wie er ein paar Augen auf dich
macht, ha ha!

Rall. (ergreit Julchens Hand.) Julie! bin ich deiner Liebe ſo unwerth, daß es dich ſo ſchwer an-
kömmt, mir die Verſicherung deiner Zuneigung
zu geſtehen.

Jul. Sie — meiner Liebe unwerth? Gott!
wenn es mir nur ſo leicht wäre, meinen Karl zu
vergeſſen, als es mir leicht iſt, ſie lieben zu können.

Nick. Sags ja — da iſt ſie jezt ſchon wieder
mit dem verſtorbenen Todten da.

Landh. Gutes Mädchen! hör mich an, du
liebſt den Lieutenant, das weiß ich, ich möch-
te

te ſo gerne um euer Glück ein doppeltes Verdienſt
haben, den Lieutenant liebe ich wie meinen Sohn,
wenn du ihm heuratheſt, ſo ſtatte ich dich aus,
als wenn du meine leibliche Tochter wäreſt.

Nick. (zupft ſie am Rock.) Mädel! ſag ja —
Mädel! ſag ja.

Kall. Beſtes Julchen!

Thin. Nur zwey Buchſtaben, und der Han-
del iſt richtig.

Jul. (in Verwirrung. Pauſe.) Es ſey Lieutenant! ſie ſind der erſte Mann, für den ich nach
meinem Karl Liebe fühle, zum erſtenmal, daß ich
ſie ihnen geſtehe, hier haben ſie meine Hand.

Nick. Nun da haben wir jezt den Plunder,
die Sach wär alſo richtig, jezt hohl ich meinen
Sonntags Rock. (ab.)

Landh. Das hat ja Uiberlegung gekoſtet, als
wenn ein General eine Feſtung übergeben ſollte,
Glück zu! junges Brautpaar! der Himmel ſoll
euch ſeegen — kommt.

Kall Gott! wie glücklich werd ich durch den
Beſitz dieſes himmliſchen Mädchens — Julie! wenn
ich dich zu lieben aufhöre, ſo hör ich auf, Menſch
zu ſeyn. (alle ab.)

Zehnter Auftritt.

Zimmer in des Faßbinder Haus. Werner in
Ferdinands. Ueberrock, und ſein Bruder
in öſterreichiſchen Soldatenmontour.

Wern. (Hand in Hand.) Sieh, Bruder! wie dich
dieſer Rock ſo gut kleidet, hör mich an, wir ſind
allein

allein, glaub, mir an keiner Kleidung bleibt Un-
tugend und Laster, Unehre und Niederträchtigkeit so lange hängen als an diesem; du entdecktest mir deine vorherige Lebensart, ohne noch zu
wissen, daß wir Brüder sind, nun weiß ich sie
als Bruder, sey rechtschaffen und ehrlich, hier
hast du meine Hand, und mit ihr das Wort,
dieses Geheimniß mit in das Grab zu nehmen.

Ferd. Karl! welch ein Menschenherz besitzest
du, wodurch kann ich deine Bruderliebe verdie-
nen?

Wern. Durch Ausübung guter und edler
Handlungen — aber nun zur Sache, Bruder!
wegen unserem Vater weißt du also gar keine weitere Nachricht? ich hörte von meinem Landsmann,
das er gestorben wäre.

Ferd. Ob unser Vater noch lebt, ob deine
Julie noch lebt, weiß ich nicht — daß sie aber über
die Nachricht deines Todes beinahe rasend wurde,
ist gewiß.

Wern. Bruder! glaub mir, du mußt jezt ein
braver Kerl werden, wenn du die Scharten deines vorigen Lebens durch Rechtschaffenheit aus-
wezen willst.

Eilfter Auftritt.

Vorige, **Nicklas**, sein Weib. ersterer einen Brief
in der Hand.

Nick. Eben recht, daß ich den Mußieu da
antreff — da schau er her, was ein Grundrichter
nicht alles machen kann; ich und der Herr Landhauptmann haben ihn zum Unteroffizier gemacht.
Wern.

Wern. Iſt es wahr, deſto beßer, ſo könnten wir ja auch die Sache mit ſeiner Nichte richtig machen; das Mädchen lieb' ich.

Nick. Weib! ſag ja, ſchau, mit unſerem Tad-däus iſts noch viel zu früh zum heurathen, der Junge muß noch vorher leſen und ſchreiben lernen.

ſ. Weib. Meinethalben, thu, was du willſt, es wär halt doch beſſer, wenn wir auch bald En-kein kriegten.

Nick. Ja! bei dem Gimpel wird eine ſchöne Enkelſchaft entſtehen.

Zwölfter Auftritt.

Vorige. Nannchen eilend.

Nan. Vetter! Vetter! Vetter!

Nick. Was iſts, Blizmädel! was haſt für einen Lärmen?

Nan. (außer Othem.) Denk er nur daran, Vet-ter, da bin ich unten geſeßen in der Werkſtatt, und da hab ich etwas abſcheulich poltern hören, es muß ein Geiſt ſein.

Nick. Wird wohl ein Geiſt ſeyn mit zwey Beinen, den du erlöſen ſollſt.

Nan. Nein, Vetter! ich hab mich allenthal-ben umgeſchaut, und doch nichts geſehen, zuerſt hab ich geglaubt, es ſey ein Mannsbild — end-lich aber hats gepoltert, als wenn der böſe Feund in die Fäßer eingeſperrt wär.

Nick. Ha ha ha, jezt fällt mirs ein; iſt viel-leicht ſchon der Corporal da, richtig, da muß ich dabei ſeyn. (will fort.)

Wern. Nun aber wegen dem Mädchen?

D   Nick.

Nick. Die kann der Herr haben, wenn er will, bin froh, wenn ich den Nickel aus dem Haus krieg,

Man. Nun so mach mich der Vetter nur nicht roth.

Nick. Ha, ha, ha wie sich doch die Weibsleute verstellen können — roth — ha ha ya, wird wohl auch dein längstes Denken seyn, daß du deßwegen roth wirst.

Wern. Ich kann also das Mädchen haben, Herr Grundrichter!

Nick. Er kann sie haben, reich ist sie nicht, von mir kriegt sie nicht mehr als 180 fl. aber ihr mütterliches — wird auch so ein Kapitaerl seyn, das sich auf ein paar 100 Gulden beläuft.

Wern. Ich geh — Mädchen! zu dem Herrn Stadthauptmann, und will um seine Einwilligung bitten, und dich denn in des Himmelsnahmen heurathen. (ab.)

Nick. Also 2 Hochzeiten in einem Haus? alles paart sich in der Welt, und ich — komm her Weiberl, ich nimm halt meine Eyestandsportion auch, (nimt sie am Arm) und geh meiner Weeg. (ab.)

Dreyzehnter Auftritt.

Werkstadt des Faßbinders, das vorige große Faß; mehrere Fässer Werkzeuge, an der Wand hängt Werners Uniform und Säbel, Corporal Stricker.

Corp. Nun ist alles besorgt, (ruft eben in das Faß.) gebt wohl acht, habt ihr mich verstanden?

Tamb.

Tambour. (im Faß.) Ja!

Corp. Ich warte in dem Nebenzimmer —
Adieu (ab.)

Vierzehnter Auftritt.

Vorige. Taddäus.

Tadd. Ich weiß gar nicht, was das iſt, es
läßt ſich kein Menſch ſehen und hören, (ſieht die Mon‐
tur, erſchrickt.) Nun da hab ich geglaubt, der Soldat
hängt da an der Wand, ſchaut — ſchaut kein
übels Röckel, das Ding müßt mir auch gut aus‐
ſtehen (lacht.) ich ziehs an — ha ha ha, richtig!
ich probirs (zieht die Montur an, hängt den Säbel um.)
Jezt muß ich ja ein ſchön faſonirtes Pürſchel ſein
(geht ſtolz umher, ſchaut immer auf den Säbel zurück,)
wenn nur ein Spiegel da wäre (man hört Nannchen
er herein,) richtig — es iſt die Jungfer Nannerl,
die muß ich foppen, (ſezt ſich an den Tiſch, verſtellt ſich
zum ſchlafen.)

Fünfzehnter Auftritt.

Vorige Nannchen.

Nan. Ha ha ha, hab doch in meinem Leben
nicht geglaubt, daß man ſo ſchnell eine Braut
werden könnt? aber da ſitzt ja Werner und ſchläft,
iſt ers, oder iſts ers nicht. (geht dahin.)

Tadd. Nun freylich iſt ers. (ſpringt auf.)

Nan.

Mann. (Erschrickt.) Taddäus, bist du es? was treibst du wieder für tolle Streiche; ich hör den Vater kommen, wenn er dich erwischt, so sey dir der Himmel gnädig, (sie eilt in das Seitenzimmer.)

Tad. Der Vatter, da geh' ich auch mit.

Sechzehnter Auftritt.

Vorige. Nicklas, seine Frau. Werner.

Nick. (Vor der Thüre) Nur herein — nur herein.

Tad. Hilf Himmel, was fang ich jezt an, (Springt voll Angst umher, kriecht in ein kleines halb schon verfertigtes Weinfaß, das an der Thüre steht.) in dem grossen hat man mich schon einmal erwischt, ich schlüpf da hinein.

Nick. (Kömmt herein) Nur hurtig, nur hurtig, er kommt schon, die Straße herunter.

Wern. Wo ist denn meine Uniform?

Nick. Nur hurtig hinein. (Mit Werner am Arm ab.)

Siebzehnter Auftritt.

Vorige. Die Faßbinderinn. Der Amtmann, in einem Mantel, unter demselben nichts als seinen Schlafrock.

Faßb. O du armer Herr Amtmann, wie wird es dir ergehen.

Tad. (Schaut aus dem Faß heraus.)

Amt. (Unter der Thür.) Bst, bst, bst, _

Faßb. (Hustet.)

Amt. Ist sie da, ist sie da?

Faßb. Freilich bin ich da, nur herein.

(Amtmann kömmt.)   Amt.

Tad. Ihr Mann ist verreißt, wie sie mir sagen ließ, nun wollen wir heute noch eine hübsche Recreation haben, wir sind ja allein, komm, komm, laß dich zum erstenmal umarmen, liebes schönes Weibchen.

Faßb. So warten sie nur.

Amt. Und warum? (wie er sie eben küßen will, schlägt der Tambour in dem Faß das Zeichen, Taddäus verkricht sich, der Amtmann springt voll Angst herum, er verliert im Herumgehen seinen Mantel, aus der Seitenthür kommen heraus, Niclas, Nanndchen, Werner, und Corporal, zwey Soldaten, Faßbinderknechte, die brennende Lichter in der Hand haben, Taddäus schaut heraus.

Niclas. Hat man den gestrengen Herrn erwischt? he! (Das Faß worinn Taddäus sich eingesperrt hat, zerspringt auf einmal, alle eilen dahin, erschrecken.) Was Henker hat denn das zu bedeuten?

Taddäus. Vater! (weinerlich.) lieber Vater! ich bin's, vor Angst hab ich dem Faß den Boden eingestoßen.

Werner. Was machst denn du mit meiner Montur?

Taddäus. Ich hab's halt angezogen, (weinerlich, alle lachen.)

Niclas. Tambour zum Vorschein, und ihr begleitet den gestrengen Herrn Amtmann nach Haus, mit klingendem Spiel, und Lichtern, und sie, Herr Amtmann! merken sie sich, auf's Nachbars Aker läßt sich nicht gut Garben schneiden.

Corporal. Allons, marsch!

Amtmann. Aber ich verbitt mir diese Dienerschaft, so kann ich nicht nach Haus. (Marsch, die Binderknechte voraus, Amtmann in der Mitte, Dromeln; alle paar und paar.)

Der Vorhang fällt.

D 3   Drit=

Dritter Aufzug.

Erster Auftritt.

(Zimmer in Kaspers Hause, Werner allein, der sich eben vollends ankleidet.)

Werner. Also heute, heute das, was ich jezt neun Jahre schon wäre, wenn nicht Unglück meine Tritte bezeichnet hätte, also heute ein Ehemann? wie wunderbar! mußt ich darum in mein Vaterland zurückkehren, um meinen einzigen Bruder zu finden, und ihn auf den Weg der Rechtschaffenheit zurückzuführen? darum zurückkehren. um durch ein liebenswürdiges Mädchen glücklich zu werden? (Pause.) Wie! wenn aber Julie noch— ha! warum steigt mir dieser Gedanke so oft in meine Seele? warum verfolgte ihr Bild meine Phantasie in voriger Nacht? wenn sie noch wäre, was sie war, das Mädchen, das nur für mich athmete, nur für mich lebte, wenn sie noch wäre, das liebevolle Geschöpf, dessen Blick meine düstere Minne, in ein freundliches Lächeln wandeln konnte.

Zweiter Auftritt.

Werner, Taddäus, (hübsch gepuzt in seinem Sonntagsrock, bringt Frühstück.)

Taddäus. (Mit Weinen.) Guten Tag, Hei Vetter! da bring ich ihm das Frühstück.

Wern.

Werner. Warum weinſt' du denn ſchon am frühen Morgen, mein lieber Vetter?

Taddäus. (mitSchluchzen.) Wegen ihm, ich wollt', daß er auf dem Blocksberg wäre.

Werner. Und warum denn, mein lieber Vetter?

Taddäus. (Schluchzt ſtärker.) Weil er meine Jungfer Mahm heurathet; er hätt' wohl auch können aus den Haus d'rauſen bleiben, verſteht er mich.

Dritter Auftritt.

Vorige, Nicklas, ſeine Frau. (beyde hochzeitlich, einen grünen Buſch vor ſich.)

Nicklas. Nun die Hochzeitleute ſind beſtellt, und die Muſikanten werden auch kommen.

Vierter Auftritt.

Vorige, Nannchen, (niedlich gekleidet, mit Blumen geziert.)

Nannchen. (Springt herein.) Nun, mein lieber Carl! wie gefall ich ihnen auf dieſe Art.

Werner. Schön, recht ſchön, mein liebes Mädchen!

Nicklas. Und nicht nur ſchön, recht ſchön, ſondern im Superativus ſchön; da ſchau er das Mädel an, ſie iſt meiner Seel einen braven Kerl werth.

Fünf-

Fünfter Auftritt.
Vorige. Ferdinand. Werner.

Ferd. Guten Morgen, mein Bruder!

Wern. Eben recht daß du kömmst, du mußt mich in den Wald begleiten, um den alten Eremiten zu besuchen; dieses Versprechen muß ich erfüllen, liebes Mädchen, noch ehe ich dein werde, ich will den alten Greisen zu bewegen suchen, meiner Hochzeit beizuwohnen.

Mann. Nun da könnt' ich ja auch mit, sollt' ich denken.

Wern. Nein, liebes Mädchen! der alte Mann sieht es nicht gerne, wenn ihn viele Menschen in seiner Einsamkeit besuchen, ich komme bald wieder.

Ferd. Ich bedaure, daß ich deinen Wunsch nicht befriedigen kann, Bruder, ich bin in einer Viertelstunde zum Landhauptmann gerufen.

Wern. So bleib, Erfüllung seiner Pflicht, muß allem, auch der Bruderliebe weichen. Adien. (ab.)

Nick. Ist das vielleicht der Eremit, den unsere Julie indeßen etwas zu essen gebracht hat.

Ferd. Ich sollt' es denken, gewiß weiß ich es nicht, nur etliche hundert Schritte von dem Städchen soll seine Hütte seyn.

Nick. Da fällt mir ein, wie wär es, Weiberl! wenn wir mit dem ganzen Hochzeit Konduckt hinaus zögen, und den alten Herrn zu der Hochzeit einladeten, wir können ihm doch keine größere Ehre erweisen, dächt ich, kommt, wir gehen vorher zu dem Herrn Landhauptmann.

Man. Ja Nickerl! das wollen wir, (freudig) das wollen wir — kommt. (alle ab.)

Sechster

Sechſter Auftritt.

(Zimmer in des Landhauptmanns Hauſe, Julie
ihr Körbchen auf dem Tiſche, worein ſie Milch
und Brod packt, trauernd, niedergeſchlagen.)

Jul. Ich weiß nicht, wie mir zu Muth iſt,
mein ängſtliches Pochen ſagt mir, daß meine
Wahl übereilt, und ich mir meine künftigen Le-
benstage mit Dornen beſtreuen werde; neun
Jahre, daß er todt iſt, Gott! wie viele glück-
liche Tage hätt' ich ſchon gelebt, wenn er mein
worden wäre, (geht an den Tiſch, packt ein.) O
daß dir Gott meine kleine Gabe ſegnen wolle,
guter alter Mann! wie er ſich wundern wird,
wenn ich ihm ſage, daß ich heute, heute — ha,
warum ſtockt mir die Zunge, warum fängt, mein
Buſen ſo ängſtlich zu klopfen an? errinerte er
mich doch ſchon oft an die Beſtimmung des Mädchens, rith mir ſchon oft, der Natur zu folgen,
die uns Mädchen zu Weibern, und Müttern
ſchuff; (nimmt ihr Körbchen.) Ja ich muß — Carl!
(mit erhobenen Blick.) Sieh herab, aus der Zahl
der Verklärten, wenn ich vor Gottes Altar ſtehe,
um Liebe und Treue zu ſchwören meinem Manne,
laß deinen Hauch mich umliſpeln, wenn ich mein
Ja ausſpreche, das ich einſt dir gab, wenn ich
ihm mein Herz übergebe, das einſt dir zugehör-
te. (Will fort.)

Siebenter Auftritt.

Julie Rall.

Rall. Guten morgen, guten morgen, liebe
Julie! nun wie geſchlaffen?

Jul.

Jul. So gut, so wohl, wie man immer unter dem Dache der besten Menschen schlaffen kann.

Rall. Also heute, bestes Mädchen! aber was seh' ich, deine Stirne faltet sich, dein Auge verräth Kummer, entferne, Julchen, das Andenken deines verstorbenen Lieblings, die Vorsicht entrieß dir denselben, um mich in deinen Armen, zum glücklichsten aller Menschen zu machen.

Jul. Freund, bald mein Mann! o daß der Himmel ihre und meine Wahl seegnete; aber ich weiß nicht, ich fühle gewiße Ahndungen —

Rall. Verbanne diese traurige Gedanken, du versprachest, mich zu lieben.

Jul. Und liebe sie auch, so wahr der Allmächtige über mir ist.

Rall. Julie, die Natur schuf dich so schön, nur eines vergaß sie, dir zu geben, ein Herz, das für mich schlägt.

Jul. Ein Vorwurf, den die gute liebe Mutter Natur gewiß nicht verdient, Freund, sie wißen mein Schicksal, auch der geringste Faden, der sich in daßelbe einwebte, ist ihnen nicht unbekannt; verdiene ich etwa darum Vorwürfe, weil mein Herz einst so warm liebte? darum Vorwürfe, weil mir Carls Bild, sein Andenken auch in ihren Armen, wenn sie mein Mann sind, noch theuer und heilig seyn wird?

Rall. Und was willst du denn mit diesen Körbchen heute?

Jul. Die süßeste aller Pflichten erfüllen, meines alten Vaters Nothdurft besorgen, und ihm die Nachricht meiner Verlobung überbringen.

Rall. Mädchen, hättest du, so lange du lebst, nichts gutes gethan, als nur diese einzige

schöne.

ſchöne Handlung, bei Gott, kein Menſch könnte dir deine Hochachtung verſagen, auch wenn er dein Todfeind wäre; ich muß dich begleiten.

Jul. Nicht eher, bis wir verbunden ſind, der Alte flieht der Menſchen Umgang, morgen wollen wir dahin, wollen ihn um ſeinen Seegen bitten; denn, Freund, der Seegen eines ſo frommen, rechtſchaffenen Mannes, wie der alte Werner, dieſen Seegen, ſegnet der Allmäch= tige. (ab.)

Achter Auftritt.

Kall. (Allein.)

Kall. (Kleine Pauſe.) Werner ſagte ſie? dieſer Name iſt mir ſo bekannt, und ich weiß nicht, warum mein Herz ſo zu pochen anfängt, da ſie dieſen Namen ausſprach; Werner, Werner? nannte ſich nicht der Soldat von Cherſon Wer= ner? Wie wenn, wenn — wenn etwa, ha welcher Teufel bringt mich auf den Gedanken, wenn etwa Werner. (Pauſe.) Unmöglich, er iſt todt, wenn ich aber, (mit Afeckt) ha, Julie! wenn ich deinen Armen entrißen, wenn ich alle meine Hofnungen vereitelt, wenn ich, meinem Glücke ſo nahe, dennoch fallen, dennoch ſinken müßte. — Gott! Verzweiflung würde mich über= mannen, und der Tod wäre das tröſtendſte Mit= tel, um mein qualvolles Leben zu endigen. (Pauſe) Wie? wenn ich ihr nachgienge? aber wie werd ich ſie finden? Sie ſagte geſtern, links in den Wald, vor der Hütte ſtünde eine große, über alle Bäume hervorragende Tanne! Ja ich will

will, ich muß ihr nach, die quälende Ungewiß=
heit martert mich wie das böse Gewissen den
Mörder. Ich muß ihr nach, Julie! du mein,
oder ich sterbe. (ab)

Neunter Auftritt.

**Landhauptmann, Nicklas, sein Weib,
Nannchen.**

Land. Also in den Wald noch vor der Hoch=
zeit, ein närrischer Einfall von einem Bräuti=
gam.

Nik. Das sag ich ja auch, ihr Gnaden, wär
ich ein Bräutigam, ich ließ den alten einsamen
Herrn heut einen Fastag halten, und würde ins
Himmelsnamen heurathen.

Zehnter Auftritt.

Vorige, Landhauptmännin.

Lhin. (eilend.) Was fehlt dann dem Lieute=
nant! er stürzte wie eine Furie zum Hause hin=
aus, ich fragt ihn um die Ursache, und wohin
er eilte, — zu Julien schrie er — in den Wald,
zu dem Einsiedler.

Nik. Ein schöner Hochzeittag, dem Mädel
echauvirt der Bräutigam, und dem andern die
Braut, ich dächte Euer Gnaden! es sind kaum
ein paar drzend Katzensprünge hinaus in den
Wald, wir wollen insgesammt die Leutels da
abhohlen.

Landh.

Landh. Wie werden wir aber die Hütte finden können.

Nik. Wir müßen halt ſuchen.

Lhin. Kein übler Einfall, von dem Herrn
Grundrichter!

Landh. Wir wollen's verſuchen, nur voran
Herr Grundrichter, ich bin hier zu Hauſe.

Nik Ihro Gnaden! Ehre dem Ehre gebührt,
ich geh hinten nach.

Landh. Nun, Jungfer Braut (er nimmt ſeine
Gemahlin an die rechte, Nannchen an die linke Seite.) wir
werden die Brautleute ſchon finden. (ab.)

Nik. Komm her, du Paradießvogel! (nimmt
ſein Weib) vor ein paar Jahren hats auch ſo was
mit dir gegeben, aber jezt ſind die Zeiten vor-
bey; thut nichts, geh her, ich muß dich küſſen,
heute halten wir unſer Jubiläum. (küßt ſie)

Frau. Du biſt und bleibſt ein Narr! und
wenn du Amtmann, nicht nur Grundrichter wärſt.
(ab.)

Eilfter Auftritt.

Düſtere fürchterliche Gegend im Wald, hohes Gebürg und Felſen, worauf hin und wieder Tan-
nenbäume ſtehen, mitten im Hintergrunde, eine armſelige Einſiedlerhütte mit Stroh bedeckt,
oben darauf ein Thürmchen, mit einer Glocke,
die Hütte iſt mit einigen großen und hohen Tan-
nen umgeben, vor der Hütte ſteht ein wildes
Felſenſtück, um die Hütte herum iſt ein kleines
niedliches Blumengärtchen umzäunt, worin Ro-
ſenhecken ſtehen. Der alte Werner hat eine

Cieß-

Gießkanne in der Hand, steht in seinen Gärt-
chen, und gießt die Blumen, (Pause) kömmt
herfür.

Wern. Du guter Gott, es ist alles wieder so
schön, an diesen Morgen; die ganze Natur scheint
belebt zu seyn, und der Mensch, wenn er erst
zu leben, wenn er all das schöne zu empfinden
anfängt, so wird er alt, sieht die Reihe seiner
Jahre auf den höchsten Ziel, und muß davon —
(faltet die Hände) Gott! so oft sah ich schon die
liebe Sonne aufgehen, und täglich wird mir dieses majestätische Schauspiel der Natur Neuheit.
Etliche 70 Jahre unter Menschen als Mitbürger
umhergewandelt, und jetzt seit 5 Jahren abgeson-
dert von ihrer Gesellschaft, leb ich hier, und er-
warte, bis diese alten Knochen zusammensinken,
und in diesen Rosengarten vermodern sollen. —
ha! ich sehe jemand auf mich zukommen, wenn
ich mich nicht irre, ja! es ist der Soldat.

Zwölfter Auftritt.

Werner, Einsiedler.

Wern. Gott grüß euch, Alter! in eurer fried-
lichen Gegend.

Einf. Dank dir, mein Freund! du hältst
Wort und besuchst mich, ich seh es gerne von
Männern deiner Jahre, wenn sie das Alter schä-
tzen, und betagte, erfahrene Greise zu ihrer Gesellschaft aufsuchen — nun, wie ging dirs seit
gestern?

Wern.

Wern. So gut, Alter! daß ich ein Thor seyn müßte, wenn ich den Umgang meiner Mitmenschen fliehen sollte.

Einf. (Pause) Sagst du mir das zum Bösen, Freund! Rechne deine Jahre gegen die meinigen, noch manche trübe Stunde wartet deiner, bis deine Haare mit Eis bedeckt sind; nicht Bruderhaß treibt mich an diesen einsamen Ort, da ist Gott mein Zeuge — Anverwandte, Kinder, Familienumstände (drückt ihm die Hand.) o Freund! es gibt neben dem guten, das in der Welt ist, so viele widrige Schicksale, die —

Wern. Haltet ein, Alter! und murret nicht über der Vorsicht Führungen, sie sind weise — gestern lerntet ihr mich als Jüngling kennen — heute werd ich schon Mann.

Einf. Wie verstehst du das? Freund! —

Wern. Weil ich heurathe.

Einf. O so laß dich der Allmächtige mehr Freude erleben an deinen Kindern, als mir, denn wär ich nicht Vater, unglücklicher Vater — Freund! ich stürbe in den Armen meiner Kinder, 70 Jahre war ich alt, als ich diese Hütte baute, 5 Jahre, daß ich mit keinen Menschen sprach, als mit meiner Julie.

Wern (schnell.) Julie! welchen Namen nennt ihr mir da.

Einf. Den Namen eines Mädchens, das glücklich zu seyn verdient; komm mit mir auf dieses Gebürg, Jüngling! dort oben ist mein Ruhepunkt, worin ich den ganzen Weg übersehen kann, heute soll sie kommen, dort in meiner Hütte liegt Salvendel, den ich ihr gesammelt habe — komm, wir wollen nachsehen.

Wern.

Wern. (der indeßen in Gedanken da stund) Alter, lieber Alter, wollt ihr mir nicht eine Bitte ge= währen?

Einf. Was verlangst du, rede.

Wern. Erlaubt mir das Mädchen zu sehen.

Einf. Unmöglich, würde sie dich in dieser Kleidung erblicken, sie würde entfliehen, mich für ihren Verführer halten.

Wern. Nicht doch, Alter! euer Gesicht ist so gut, und diese ehrwürdige graue Locken zieren nicht das Haupt eines Schurken — habt ihr kei= ne Eremitenkleidung mehr?

Einf. Wozu? in meiner Hütte hängen noch zwey dergleichen Kleidungen.

Wern. Gebt mir eine davon, ich sch wör euch bey dem allumfaßenden Himmel, daß ich euer Zu= trauen nicht mißbrauchen will.

Einf. (Pause.) Wohlan, Junger Mann! wä= rest du ein Schurke, die Natur hätte eine Lüge in dein Gesicht geschrieben, — komm mit mir, hier. (Werner wirft eine Eremitenkleidung über seine Mon= tur, zieht die Kapuze über den Kopf) Jetzt folg mir auf das Gebürge (geht voran, steigt hinauf)

Wern. Alter! Julie war einst ein wichtiger Name für mich, so oft ich mir denselben denke, fällt mir das Bild des himmlischen Mädchens ein, das ich einst so zärtlich liebte, — seht ihr noch nichts, Alter? (folgt ihm nach)

Einf. Noch nichts, meine Augen fangen schon an dunkel zu werden, folg mir, (der Eremit verliert sich in das Gebürge, ab.)

Drey=

Dreyzehnter Auftritt.

Julie allein mit ihrem Körbchen, aus der andern Seite des Gebüsches.

Jul. Endlich find ich den Ort — Unruhe, und Gedankenlosigkeit trieb mich so herum; daß ich den Weg verfehlte (geht an die Hütte) Vater! Vater, seyd ihr da? vielleicht schläft er (Werner sieht sie, kömmt zurück steigt langsam herunter.) Gott segne deine Ruhe, guter Alter, (Werner köm̄t immer näher doch so, daß ihm Julie nicht erblickt.) Ich muß ihm erzählen, daß ich mich entschloßen habe, heute zu heurathen; wenn er wüßte, welche Mühe es mich kostete, das Andenken meines Carls aus meinen Herzen zu reißen.

Wern. (für sich) Sie nennt meinen Namen, allmächtiger Gott, wessen Stimme hör ich.

Jul. (wendet sich um, erschrickt.)

Wern. Was seh ich, bey Gott sie ists (laut) Julie, Julie (reißt die Kutte weg.)

Jul. (fällt ohnmächtig zu Boden) O Gott.

Wern. Julie, Julie, kennst du deinen Karl nicht mehr?

Jul. (sieht schwach auf.) Carl, (Pause) bey dem allmächtigen Gott, er ists, du lebst noch?

Wern. Lebe, lebe, Mädchen! mein Bruder gab mich für todt aus.

Jul. Sprachest du auch schon mit deinem Vater? (der Einsiedler sieht diesen Vorfall auf dem Gebürge erstaunt, eilt mit wankenden Schritten herunter.)

Wern. Was sagst du, Julie! mit meinem Vater, mein Vater ist ja todt.

E   Jul.

Jul. Todt? Karl! dieser Einsiedler. —

Wern. Wäre mein Vater? Großer Gott! was erleb ich heute.

Einſ. Kinder, Kinder! was habt ihr zuſammen?

Jul. (freudig) Vater, Vater! kennt ihr euern Sohn, euren verstorben geglaubten Karl nicht mehr?

Einſ. (wie versteinert) Was hör ich, du, du mein Karl! mein Sohn (herzliche Umarmung)

Fünfzehnter Auftritt.

Vorige. Rall.

Rall. (wie er ſie ſieht, bebt zurück) Was seh ich, so ist meine Ahndung gegründet!? (geht auf ihm zu Ha Elender! wer bist du, der du mir des Mädchensliebe zu rauben suchſt? (zieht den Degen, zu dem Einſiedler) Und du, alter Zubringer, der du vielleicht an dieſen Ort zogeſt, um unter dem Scheine der Frömmigkeit, dem schwarzen Laſter zu fröhnen, und seinen Anhängern getreue Hand zu leiſten, verſöhne dich mit dem Himmel, und bette, du sollſt von meiner Hand ſterben.

Wern. (reißt ihm den Degen aus der Hand) Herr, das ist mein Vater.

Einſ. Halt ein, Unſinniger! und höre mich, dieſer Soldat ist mein Sohn.

Julie. (fällt vor ihn hin) Und ich bin seine, ihm vom Himmel zugeſchworne Braut.

Rall. Ha, so bin ich ganz elend, ganz darnieder geſunken in den Staub, den der Wanderer

rer mit ſeinen Füßen betritt; Gott! ich war an
dem Ziel aller meiner Wünſche, noch eine Stunde, und ſie wäre durch des Priestershand, auf
ewig mein geweßt, und jezt — (Pauſe) Ja es ſey!
(ziebt eine Sackpiſtole heraus) dieſe Kugel ſey das Looß
meines Lebens.

Wern. (reißt ihm die Piſtole aus der Hand, ſchießt ſie
in die Luft.) Freund! in der Lage, worin ſie ſind,
gehört dieſe Kugel in die Luft; Herr! die Natur goß mir ein Herz in den Buſen, das ihren
Schmerz empfindet, den ſie jezt fühlen. Ich
kenne den Werth der Liebe und Freundſchaft;
hängt ihre Glückſeeligkeit von dem Beſiß dieſes
Mädchens ab, hier, Freund! ſie ſey ihnen, Julie!
ich liebe dich nicht mehr, entſage allen Anſprü-
chen auf dein Herz; denn wiße, auch ich bin
Bräutigam.

Rall. (ſieht ihn feſt an.)

Julie. Was hör ich? Karl! du mich verlaſſen? in dem Augenblick mich verlaſſen, worinn
du mein auf ewig ſeyn ſollſt. (mit Thränen) Iſt
das Lohn treuer Liebe, Undankbarer! das der
Lohn der heißeſten Zähren, die ich über deinen
Tod weinte.

Einſ. (betrachtet Rall lange) Aber, wenn ich mich
nicht irre, nennen ſie ſich nicht Heinrich Robeck?

Rall. Woher kennt ihr mich! Alter! weil
mein Vater Bankrott machte, veränderte ich meinen Namen, was wollt ihr?

Einſ. (freudig) Julie! Julie, das Schickſal
muß eine gute Freundinn von dir ſeyn, dieſer
Mann, der dich heurathen ſollte, iſt dein Stiefbruder.

Julie. Mein Stiefbruder, o Karl! (in ſeine Arme)
ſo biſt du mein auf ewig.

E 2   Rall.

Rall. Ihr Stiefbruder, ich Juliens Stiefbruder?

Einf. Ich kannte ihren Vater so gut, als er
heurathete, war nicht ihre Mutter Wittwe, und
Mutter dieses Kindes?

Rall. Was hör ich, es ist Wahrheit? ha
Julie nimm diesen Bruderkuß, so verbietet Natur und Gesez, dich als Gattin zu lieben, sey
glücklich mit diesem Mann.

Sechzehnter Auftritt.

Nannchen, wie sie oben auf dem Gebürge Wer-
nern sieht, strekt die Arme aus, eilt herunter,
stürzt ihm in die Arme, viele Bauern und Bäueri-
nen mit Blumen hochzeitlich gekleidet, Taddäus,
Ferdinand, Landhauptmann, seine Frau,
Niklas, sein Weib, viele Bauern und Mädchen als Hochzeitgäste.

Nan. (in Carls Arme) Lieber Karl! hab ich
dich wieder. (sieht Julie) aber Julie!

Julie. Mädchen, was willst du?

Nan. Meinen Bräutigam.

Lhmänin. Was ist hier vorgefallen, welche
Bestürzung auf allen Gesichtern.

Rall. Gnädige Frau! Julie ist meine Schwe-
ster, und dieser Mann ihr Bräutigam.

Nik. Jezt geschieht ein Unglück, und wer ist
den der Alte Mußien da?

Werner. Mein Vater, mein todt geglaubter
Vater! (alle erstaunen.)

Ferd.

Ferd. (betrachtet den Alten) Bruder! der Eremit
dein Vater?

Werner. Vater! umarmt euren Sohn, euren Ferdinand.

Einf. Allmächtiger Gott! wie verdien ich so
viele Güte, Söhne, Söhne! kommt an mein
Herz, umarmet mich.

Man. (mit weinen) Wie solls denn jetzt aber mit
mir gehen? auf diese Art krieg ich also gar keinen Mann?

Tadd. Da wär ja ich, liebes Mahmerl,
(bittend) wir wollen zusammen leben, wie ein
paar Turteltäuberl.

Nik. (schleudert ihn weg) Wenn du 20 Jahrl
älter bist, denn kannst dich wieder melden.

(Nall und die Landhauptmannin reden zusammen)

Landh. Mädchen! heurathen mußt du heute
einmal.

Nik. So denk ich auch ihr, Gnaden, das
Madel könnt krank werden, wenn sich der Appe-
tit zurück schlüge.

Landh. Ich dächte, dieser Soldat — (auf Ferdinand zeigend) für die Ausstattung laßt mich sorgen.

Man. Je nun, wenn er mich will, warum
nicht, ein Mann ist ein Mann.

Nik. Glück zu dem Brautpaar!

Einf. Ha guter Gott! wie viel Gutes erleb
ich an einem Tag, meine zwey Söhne, und beyde auch versorgt.

Wern. Kommt, Vater! verlaßt diesen wilden
einsamen Ort, freut euch in dem Zirkel eurer
Familie, eurer Kinder, und lernt noch in eurem
Alter den Werth menschlicher Gesellschaft fühlen.

Einſ. Ja, Kinder! aber verſprecht mir dieſe Stätte jährlich, ſo lange ihr lebt, einmal zu beſuchen.

Julie.⟩ Das wollen wir, das ſchwören
Wern. ⟨ wir, Vater!

Einſ. So kommt, und pflücket dieſe Roſen, meine Töchter! die ich mit meiner Hand pflanzte, ſie ſeyen euer Hochzeitgeſchenk; eure Liebe ſey ſo rein, und ſo ſchön wie dieſe Blumen.

(Giebt jeder eine Roſe.)

Wern. Vater! laßt uns dieſe Hütte zerſtören, worinn ihr 5 Jahre die Menſchen flohet, laßt uns an deren Stätte ein ewiges Denkmal bauen, mit der goldenen Innſchrift: Menſchenliebe und Tugend; Auf Freunde! zerreißt die Bande dieſer einſamen Wohnung, die Natur goß uns Hang zur Geſelligkeit in unſer Herz, deßwegen laßt uns die Menſchen lieben, weil ſie unſere Brüder ſind.

Gruppe, der Alte in der Mitte, ſeine 2 Söhne neben ihm.

Der Vorhang fällt.

www.ingramcontent.com/pod-product-compliance
Lightning Source LLC
Chambersburg PA
CBHW021532270326
41930CB00008B/1210